コロナ禍と体験型イベント

大手前大学比較文化研究叢書17

コロナ禍と体験型イベント

石毛弓編

水声社

目次

体験型イベントの〈いま〉と〈これから〉

石毛弓

親戚の女たちや近隣の女たちが死人の家に集まって、そこで、死人ともっとも近い親戚にあたる女たちといっしょに泣くことが……、今まで習慣とされておりました。また一方、死人の家の前には死人の男の隣人や他の男の市民が大勢、死人の近親の者たちと集まりました。こうしたことは、ペストのむごたらしさがひどくなりだしてからは、すっかり、でなければ大分すたれたらしく、それにかわって、別の新しいことが起こってまいりました。人々は女たちに周囲を取りまかれずに死んでいったばかりでなく、介添人にもつきそわれずにこの世を去っていく者も多くなったのです。〔富裕層以外の人びとの状況はさらに悲惨で、その大部分は〕毎日何千人となく罹病し、何ら看護も世話もうけられないで、ほとんど救いの手らしいものは何一つのべられずに、ことごとく死んでいきました。[1]

一　COVID-19と「体験型イベント」

二〇二一年三月現在、新型コロナウイルス感染症（以下、COVID-19）が世界中で猛威をふるっている。COVID-19は二〇一九年十二月に中国武漢市で発生したとされ、二〇二〇年の一月にはヨーロッパなどいくつかの国でも急激に広がり始めた。日本で初めて感染者が報告されたのは二〇二〇年一月十六日だ。一月三十日には世界保健機関が「国際的に懸念される公衆衛生上の緊急事態」を宣言し、日本では同日に新型コロナウイルス感染症対策本部が設置された。日本においては、国内外の情勢のニュースに加えて、アジアを周遊していた大型クルーズ船ダイヤモンド・プリンセス内での集団感染によってこの病気の認知が高まった面が大きいだろう。同客船が二月三日に横浜港に停泊して以降の一連の処置や対応は、メディアによって連日のように報道され、またSNS等でさまざまな情報が拡散された。三月に入ってもCOVID-19の国内新規感染者数は衰えることなく、四月七日には第一回緊急事態宣言が七都府県に発令され、同月十六日にその対象が全国の都道府県まで拡大された。その後、何度も緊急事態宣言やまん延防止等重点措置が実施されることになる。

本書は大手前大学交流文化研究所が主催した国際シンポジウム「コロナ禍における体験型イベントの〈いま〉――参加・鑑賞・観戦」をまとめたものだ。開催日は二〇二一年三月七日で、その時点でCOVID-19は一年あまりにわたってわたしたちの生活を脅かしてきた。このシンポジウムが開催される約一週間前まで、研究所の所在地である兵庫県には緊急事態宣言が発令されていた。COVID-19は飛沫感染や接触感染などによって広がると考えられているため、感染防止対策として人と人との接触に制限が課されるようになった。そのため本シンポジウムは、初のオンライン開催となった。登壇者がウェブ会議ツールを使って発表を行い、オンライン動画共有プラットフォームを通じて無料配信するかたちをとったのである。シンポジウムでは、タイトルが示す通り「体験型イベント」へのCOVID-19の影響がテーマとなった。なお本書内で言及されている事柄は、とくに注意がない場合はシンポジウムが開催された二〇二一年三月もしくはその後原稿が執筆された四月頃までの情報に基づくものであることを最初に断っておく。

本章の最初に引用したのは、十四世紀に書かれた『デカメロン』の一節だ。ボッカッチョにより書かれたこの文学作品は、一三四八年にヨーロッパを襲った感染症のペストを題材にしている。この病による死亡率はヨーロッパ全土の人口の二五―四五パーセント程度と推測され、高く見積もる場合は六〇パーセント以上になるという見解もある。[2] 作中では、良家の女性七名および男性三名が疫病の大流行する都会フィレンツェを後にし、「せいいっぱいはしゃぎまわり、陽気にふるまい、娯楽に興ずる」[3] ために、つまり生命を楽しみ味わうために空気が清く実り豊かな郊外の別荘に移る。この十名の男女は、別荘地での退屈をまぎらわせようとそれぞれが一日に一話ずつ物語を語ることにした。「デカメロン（Decamerone）」はボッカッチョの造語で、元になっているのはギリシャ語の「十日間（decahemerai）」だ。タイトルの通りこの作品では十話が十日間、合計百の物語が披露される。

さて『デカメロン』の主な内容はこれら百の作中作だが、別荘地への出立に先立って描写されるのがペストに侵されたフィレンツェの様子だ。伝統的な葬送の儀では、集まった人びとが亡き人を前にして涙し、棺が親族や近隣の者たちによって教会に運ばれる。しかし、ペストのせいであまりにも多くの人間が死に、かつ感染者との接触や、その人がふれた物からも疫病が伝染すると恐れられていたために、こういったやり方を踏襲することができなくなった。死んだ人間が、近しい人の手を経ることなく粗雑に葬られる。しかもそれは富裕層におけるまだマシなやり方で、一般の人びとは看病されること、看取られること、そして葬儀を行われることなく家で命をおとす。そんな大量の死が、日々つみ重ねられていく。感染症の猛威によって急激に変わった中世ヨーロッパ社会の描写は、二〇二一年のわたしたちに時代と場所を超えたリアリティをもってのしかかってくるかのようだ。

死の描写について強調したが、『デカメロン』でペストの惨状が記されているのはむしろわずかであり、その大半は男女十人が語るユーモアにあふれていたりエロチックだったり風刺的だったりするさまざまな物語だ。彼女ら彼らは、風光明媚な土地にある別荘をめぐりながら美味しい食卓をかこみ、歌って踊って散策をする。そして午後遅くになると、暑さを避けた緑豊かな庭に集いその日のお題に添った話を楽しむのだ。ボッカッチョは、森で遊ぶある日の人びとを、「みんなは全部、かしの葉の冠をつけ、よいかおりのする草や花を両手にいっぱいにもっていました。この人たちに会った者は、ただ『この人々は死にうち負かされることはないだろうし、死ぬにしても喜んで死ぬことだろう』という以外には、なんにもいえなかったでしょう[4]〔傍点ママ〕」と描写している。これらの男女を、疫病を恐れるあまり現実から目を逸らせて刹那的な享楽に惚ける哀れな人間とみる向きもある。だがわたしは、むしろ迫りくる死に敗北することのない人間の生への朗らかな賛歌であるととらえたい。

パンデミックといわれてひさしい現状の中で、ふと『デカメロン』を再読したとき、いま自分が渇望しているのはこの他者とともにある喜びだとかんじた。親しい人たちと顔を合わせて飲み食いし、おしゃべりをし、楽しみに興じる。こうした体験が、COVID-19がまん延して以降わたしたちの暮らしから失われている。もちろんこれら十人の男女にとっても、別荘地での語らいが日常生活だというわけではない。むしろペストの襲来による陰惨な死の影に打ちのめされないために開かれた特別な十日間（滞在期間は十五日間だが）、いわば私的な祝祭だということができるだろう。そして、このいきいきと命を謳歌するさまは、登場人物が一人だったなら描くことができなかったはずだ。十人の人びとが集い、体現しているのは、ペストによって奪われた人としての歓喜だ。だからこそ、以前よりも二〇二一年のいまこのときに読んだ『デカメロン』にわたしの感情が揺さぶられたのだろう。

COVID-19の感染予防として、手洗いやマスクの着用、また密集・密接・密閉を回避する三密などの対策が推奨されている。これらは、人と人とが直接的あるいは間接的に接触することをやめさせるという意味をもつ。極端なことをいえば、人間がいまいる場所をまったく動かなければ、感染者数が増加することはない。もちろんこれは不可能だが、ロックダウンはできる限りそれを推し進めようとする政策だ。人が場所を移動するということは、自由の問題にかかわってくる。移動と自由の関係については本章の後半でふれることにして、人と出会うということ、とくに多くの人と対面することに極端に慎重にならざるをえない状況が続いているのである。演劇やライブ、美術館、展示即売会、スポーツ観戦など、ある特定の場所に赴くことに価値がある催しは、二〇二〇年に入って以降その多くが中止または延期、もしくは制限つきでの開催となっている。この状況に鑑みて、本シンポジウムでは、その場での体験が重視されるエンターテインメント関連のイベントを「体験型イベント」とし、この切り口からいわゆるコロナ禍がわたしたちの暮らしにもたらしたものについて検討することとした。

「体験型イベント」についてもう少し説明しよう。本シンポジウムでは「体験型イベント」という語を、身体をともなって参加し、私と他者／私となにかがおなじ空間を物理的に共有し、私と他者／私となにかが出会う場を提供する、多人数による目的のある催しとしている。いいかえれば、体ごとその場に行き、そこで（バーチャルではなく）リアルに、人同士もしくは人とモノが出合う、独立したテーマのある催しが体験型イベントだということになる。また、広義でのエンターテインメントに属する催しであることを条件にしている。こういった体験型イベントを、「変遷」「未来」「記録」の視点から考えていく。「変遷」では、二〇二〇年一月頃から二〇二一年三月初までのあいだにCOVID-19まん延のせいで体験型イベントが被った変化や、存続のための努力や工夫、課題などをとりあげる。「未来」は、コロナ禍で起きたことの、なにをどのように継承するべきか、あるいはこの先の世界で活きるものはなにかなど、過去と現在を踏まえたうえでのウィズ・コロナやアフター・コロナのあり方を考察する。

「記録」は、出来事や記憶は常に風化や変容、忘却といった危機に瀕しているという問題意識を基盤にしている。アルフレッド・クロスビーの『史上最悪のインフルエンザ』は、一九一八年から一九二〇年にかけて世界的に大流行したスペインかぜの詳細を追った著作だ。スペインかぜは、死亡者数は全世界で推定四千万人以上にのぼり、世界人口の二五—三〇パーセントが罹患したといわれている。(5)クロスビーは、この病の体験がアメリカ合衆国で奇妙なほど人びとの記憶から抜け落ちているようにみえることを指摘している。(6)彼はその理由について第一次世界大戦の影響などいくつかの点から言及しているが、ここではスペインかぜに関する記述の少なさと、そのためにこの病を人びとの実際の経験として追うことが困難になっているという点を挙げるに留める。これは逆の見方をすれば、ある出来事を記録すること、また出来事の渦中にあり評価が定まらない事柄であってもその時点での情報を残すことは、のちの時代にとって有用になりえることを示唆している。したがってCOVID-19と体験型イベントに関してこの一年強に起きた・起きていることをまとめ、かつ広く共有・公表することは、後にこの時代をふり返ったときに意義のある行為となることが期待されるのだ。

さて体験型イベントと一口にいっても、その内容は多岐にわたる。そこでその種類を、体験する側の視点から「鑑賞型（動的なものを見て楽しむ）」「観覧型（静的なものを見て楽しむ）」「参加型（場の一員になる）」に分類した。鑑賞型の動的なものとは、体験する対象がその場で移り変わるものを想定している。たとえば演劇やスポーツ観戦、コンサート、ライブ等がこれに相当する。観覧型の静的なものとは対象が変わらないもので、博物館や美術館で作品を楽しむ行為などがあてはまる。参加型の場の一員になるとは、たとえば同人誌即売会で自らが創作した物を頒布したり、マンガやアニメ、ゲームなどのキャラクターの格好をして楽しむコスプレがこれにあたる。本シンポジウムであつかうことはできなかったが、祭事や神事もこれに相当する。もちろん体験型イベントがこのカテゴリーですべて線引きできるわけではなく、たとえば美術館のワークショップで創作する行為は参加型に分類される場合もあるだろう。したがって完全に区分することは難しことを承知したうえで、目安として上述のカテゴリーを用いた。

二　参加型・鑑賞型・観覧型

本書の各章で解説されているテーマを、これら「参加型」「鑑賞型」「観覧型」のカテゴリーにあてはめてみよう。すると、中村仁はポピュラーカルチャー（参加型）、須川亜紀子は二・五次元舞台（参加型に近い鑑賞型）、田中孝弥は演劇（鑑賞型）、ベアトリス・ケットおよび遊免寛子は美術館（観覧型）、そして徐炯旭（ソ・ヒョンウク）はサッカー産業（参加型に近い鑑賞型）となる（図1-1）。

中村は、ポップカルチャーにおけるファンコミュニティが体験型イベントを通じていかに形成されていくのかを、多様な事例を交えて紹介している。ポップカルチャー関連のイベントでは、ファンが自らブースを設営して物販を行ったり、またそのようなブースで同人誌やゲーム、グッズ、音楽などの頒布物を購入することが盛んだ。イベントによっては開催期間中に何十万人もの人間が来場するため、知古と再会したり未知の人間と知り合うなど会場はさまざまな出会いの場としての機能を果たしている。また現在は、電子メディアの普及によってファン同士の交流が手軽かつ広範囲に行われるようになった。ＳＮＳ等のツールの利用は、海外など居住地の離れているファン同士の交流を助け、かつ個人の立場、年齢といった属性を希薄化し、匿名性を高めていることが指摘されている。

COVID-19の感染拡大以降、こういったポップカルチャー関連のイベントはオンラインでの開催が増加した。これは、このあとに続く登壇者たちの分野でも同様の状況が報告されている。この傾向

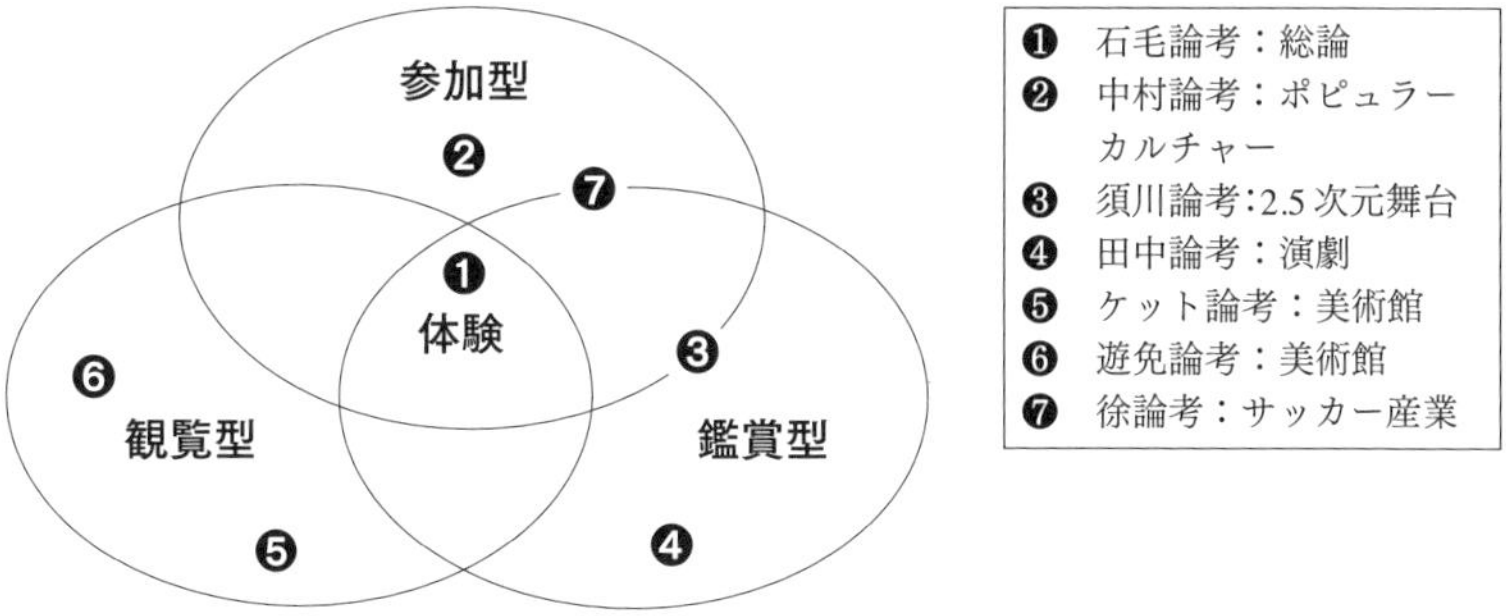

図 1-1 「参加型」「鑑賞型」「観覧型」と各章の関係

をファンコミュニティという点からみた場合、その熱量がリアルの場合と比べて低くなっているというのが中村の見解だ。イベントの前後に集まることや物販の購入をファン同士が相互に分担するなど、顔を合わせることで成り立ってきたつながりが、コロナ禍の中で途絶えている。さらに、イベントの内容をオンラインで配信するなどの試みが行われてはいるものの、この手法では「配信者と視聴者の区別がより明確」になり、参加者が「イベントの大きな一つの構成要素という存在ではなくなり、存在が希薄化」することが懸念されている。このようにオンラインのみでのつながりにはファンコミュニティのありようと存続について不安な面もあるが、デジタル化によってもたらされるのはネガティブな面だけではない。日本発ポップカルチャーを国際的に展開するためには欠かせないツールでもあるため、これからの新しい発想や工夫を期待される部分もまた大きいと考えられている。

第三章の須川がテーマにするのは、近年とくに若者に人気を博している二・五次元舞台だ。これは広義には「アニメやマンガ、ゲームを原作・原案とする舞台」を指す。ただし、この条件だけであれば宝塚歌劇団や歌舞伎等の舞台の一部も範疇に入るが、それらは二・五次元舞台とは呼ばれない。中村の章であつかわれていたようなポップカルチャー系のコンテンツなどを原案にしたうえで、とくに二次元キャラクターの再現性が高く、俳優がアイドル活動に類似するアピールを行い、かつコンテンツへのファンの参与度が高いものが二・五次元舞台だと一般的に解釈されているのだ。とくにこの分野では「二次創作、SNSでの発信、イベントの参加などを通じて、コンテンツに積極的に関与するファンの存在」は大きいため、須川は二・五次元舞台を参加型文化と呼ぶ。急激な市場拡大を続ける分野だが、COVID-19の拡大により状況は一変した。

第一回目の緊急事態宣言では、二・五次元舞台を含むエンターテインメント関連のイベントはすべて「不要不急」とされ、開催は不可能になった。その際、演劇に関与する人びとがなにもしなかったわけでは当然なく、大きな危機感ととまどいのなか演劇を止めないための試行錯誤が重ねられた。なかでもオンライン・プラットフォームを構築し、配信というかたちで動画を観客に届ける試みは、後にビジネス・モデルの一つとなった。須川は、このようなかたちで演劇の記録が蓄積されることを、文化的にも学術的にも価値があると評価している。またCOVID-19への予防策が講じられるようになるにつれ、時期や規模など厳しい条件を課されてではあるが、実際に劇場に足を運んでの観劇も行われるようになっていった。しかし当然ながら演劇をとりまく状況がコロナ禍以前とおなじというわけではなく、たとえば劇場内で客同士のおしゃべりが禁じられるなど、舞台の演出や観劇のスタイル、物販の方法などすべてが感染者を出さないための制約と緊張をはらんでいる。須川は、二・五次元舞台という分野を存続させていくために「劇場で物理的に交流できないファンとキャスト、そしてファン同士の交流を色々な形で保証する必要がある」と考える。現実の空間でコミュニケーションをとることができない状況でのコミュニティの存続という点において、これは中村における問題意識と重なる部分があるといえる。

さて二・五次元舞台では多少なりとも収益を見込むことができるシステムが構築されたが、他のタイプの演劇はどうなっているのだろう。田中は清流劇場という劇団の代表者を務める劇作家・演出家で、ドイツ留学をきっかけに海外公演や海外の演劇人との交流を幅広く行っている。中村および須川が研究者であるのにたいして、田中は演劇の現場に携わる者の立場からこの一年間を語る。田中自身の体験としては、主催する劇団の公演が中止となり大きな赤字を抱えなければならなくなったことや助成金交付に関連する事情など、コロナ禍により劇団が直面した数々の出来事をふり返る。また、よりマクロな視点からは、二〇二〇年二月から五月までの日本演出者協会の取り組みなどを紹介している。

田中は、コロナ禍が演劇界におよぼす影響について大きく二つの点を憂えている。一つは、若手演劇人への打撃だ。若手は資金や経験、またツテに乏しい。したがって稽古場の確保が難しく、さらに上演はキャパシティの小さい場所になるため観客の密を避けられず、結果として舞台を開催できない。こういった事情のせいで、客観的に評価することのできる演劇活動に携われず、実績を作れないため助成金等の対象とならず、援助の仕組みがあっても申請することができない。この悪循環により、若い人間ほど演劇活動を継続できない状況に追いこまれていく。この点を指摘することで田中は、コロナ禍によって若手演劇世代が失われ未来へ続いていかないことへの警鐘を鳴らしている。もう一点は、先の問題意識と重なる部分があるが、演劇の社会への浸透についてだ。一般市民が、演劇とは単に好きな人びとが関わっているだけの自分とは無関係なものであり、社会生活に不要なものだと考えるのであれば、公的援助への理解を得ることは困難だろう。田中はこの乖離について、演劇人自らがさらに積極的に説明責任を果たすべきだと述べる。これは演劇を含む文化芸術を人間の生に関わる普遍的な活動としてとらえるという視点であり、その活動に主体的に携わる人間としての自戒をこめたことばととらえられる。社会と文化芸術の関りという観点は、美術館という側面からケットや遊免が語っていることでもある。

体験型イベントの「観覧」では、国内外の美術館にスポットを当てた。海外については、パリ装飾芸術美術館（以下、ＭＭＭ）のアジア・コレクション担当学芸員であるケットが、この一年間でフランスとくにパリで起きたことについて述べている。二〇二一年三月時点で、フランスでは二度目のロックダウンが継続中だ（図1-2）。一度目のロックダウン時は、解除後も文化芸術またエンターテインメントに関連する施設等は閉鎖の続行を要求され、美術館は四カ月近く門を閉ざさざるをえなかった。ＭＭＭの場合、勤務する人間はそのほとんどがテレワーク体制に移行したが、オンラインであっても従業員同士のつながりが途切れない工夫が続けられたという。また対外的には、美術館という

3月10日	イタリア	全土でロックダウン
3月17日	**フランス**	**全土でロックダウン**
3月23日	英国	全土でロックダウン
5月4日	イタリア	ロックダウンを緩和
5月11日	**フランス**	**ロックダウンを緩和**
5月13日	英国	ロックダウンを緩和
10月14日	**フランス**	**マクロン大統領が初めて「第2波」と認める**
10月17日	**フランス**	**パリなど9都市圏で夜間外出禁止令**
10月30日	**フランス**	**2度目のロックダウン**
11月2日	ドイツ	飲食店や娯楽施設を月末まで閉鎖
11月5日	英国	イングランドで1カ月間，2度目のロックダウン
11月6日	イタリア	北部の州などで1カ月間のロックダウン

図 1-2　新型コロナウィルス感染症の流行とヨーロッパでの主な都市封鎖（2020）（「欧州長引く『都市封鎖』――クリスマス商戦向け緩和目指す」『朝日新聞』2020年11月26日朝刊3面［東京本社版］より引用，グラフ省略）

場所が閉鎖されているあいだも、学校に行くことができない青少年に向けたオンラインによる教育活動などのさまざまな企画が行われた。こういった新しい取り組みは、美術館の豊富な所蔵品と講演会等の蓄積してきた記録といったリソースがあり、かつデジタル技術を活用することができる環境があることで実施が可能になった。またロックダウンの合間の短い期間ではあるが美術館が開館しているあいだは、入場者数の制限を行ったりチケット販売の完全オンライン化などの処置がとられたという。

日本の美術館の事例では、遊免が兵庫県立美術館（以下、兵庫県美）の取り組みを紹介している。日本の場合、ヨーロッパのロックダウンほどの厳格な体制ではないもののやはり多くの施設や催しが閉鎖されたのは、これまでみてきた通りである。美術館の企画展示は長い準備期間を経て開催されるものだが、COVID-19の感染拡大はその努力と時間を水泡に帰してしまう。遊免もケットも、COVID-19のまん延による最初の大きな影響として企画展の中止と休館を挙げている。そして休館中の試みとして、兵庫県美でもやはりオンラインを使ったコンテンツの配信を行っている。兵庫県美もMMMもコロナ禍以前はオンライン配信にさほど熱心ではなかったが、美術館というリソースを活用した新たな取り組みを始めたのだ。ただし興行的に多くの来館者が見込める展覧会を開催することができないため、兵庫県美の収益は大幅に後退するだろうと考えられている。さらに遊免は、この一年強のあいだに全国の美術館および博物館でよくみられたオンライン上の取り組みを、「展覧会」「ワークショップ」など五つに分類し、それぞれの内容を簡潔に紹介している。

遊免は、来館して観覧するというこれまでの手法を取ることができなくなった状況で、「『美術館は何のために、誰のためにあるのか』という根源的な問い」と向き合っている。コンテンツのオンライン化が、美術館という場でなければ提供できない体験とはなにかを再考するきっかけとなったのだ。またケットの論文は「二度のロックダウンの合間に多くの観衆が来場したことは、作品との直接的接触は何ものにも代え難いことを裏付けています。何と心強いことでしょう！」と締めくくられている。オンライン上で吸収できるものと、現実の空間でなければ得ることができないものを見定めていくことを、ケットと遊免のどちらも今後の課題としているのである。

最後の徐はサッカー・ジャーナリストで、ヨーロッパにおけるサッカーについて語っている。スポーツの試合の開催や観戦の方法は、コロナ禍にあって多くの議論を引き起こすトピックの一つになっている。スポーツといっても、その試合形式はレスリングや柔道のようにプレイヤー同士が密着するものから、テニスのようにコートが分かれているものまで幅広い。また観戦スタイルも、観客がひしめきあう、大声を出す、飲食できるのが一般的なスポーツもあれば、プレイ中は静音で見守ることが求められるものもある。このようにスポーツの種類によって詳細は異なるが、それでも試合や観戦は一カ所に人が集中するため COVID-19 の感染が拡大する要因になることが危惧されている。サッカーはプレイヤー同士が接触することがあり、かつ観客同士が密になって盛り上がることがしばしば起こるため、感染症という面からみると懸念材料が多いスポーツの一つだといえる。

スポーツ観戦になんらかの規制を課す場合、その条件は地域や時期によって異なるが、シンポジウムを開催したころの欧州サッカーは無観客試合が主流だったという。集客ができないことによる経済的損失が莫大であるのは想像に難くない。徐はこの点に加えて、無観客試合は単に観客席に人がいないというだけでなく、プレイヤーや審判たちに観客の反応が即時的に届かなくなるのだという面を強調する。スポーツは「芸術公演と似たような属性」をもち、「観客の応援やブーイングのようなリアクションがパフォーマーたち、つまり選手たちに影響を及ぼす」という。これはサッカーの試合だけでなく、須川や田中のテーマである演劇にも通じる点だろう。さらに彼は、スポーツ界特有の役割としての主審に注目する。徐によるとプレイヤーだけでなく主審もまた観客による反応の影響を受けるパフォーマーであり、声援やブーイングの有無がその判断に少なからぬ影響をおよぼす可能性があるという。観客は、ただ席にいるだけではない。その存在がゲームの内容そのものを左右する重要な要素になっているのだ。徐の推察は、今後サッカーの試合に観客が二〇一九年以前と同様に動員され応援できるようになったとき、さらに検証されるべき興味深い問題だといえる。

このように本シンポジウムでは、コロナ禍における体験型イベントの変遷について、発表者それぞれが携わっている分野からの解説や考察が行われた。また分野をまたぐ共通点として、体験型イベントが従来のかたちでは開催できなくなったこと、そのためになんらかのかたちでのオンライン化が行われたことが挙げられる。インターネットによる情報の受発信は、たとえば中世のペストや、そこまで遡らなくても二十世紀初頭のスペイン風邪が世界を駆けめぐったときには存在しなかった手法だ。この点に、現代の特徴をみることができるだろう。もちろん体験型イベントのすべてがオンラインに置き換えられるはずはなく、代替手段にすぎない場合も多々ある。しかし今後 COVID-19 が現在よりも制御可能なものになったとき、ウィズ・コロナやアフター・コロナの世界でも、いまとられているオンラインによる手段のすべてが消え去りはしないだろう。現在は、代替とみなされている手段のどれが淘汰の対象になるのかについてまだ見通しがつかない部分が大きい。こういった点も含めて、現在進行形で行われている多様な試みを記述した本シンポジウムの成果が、将来の世代にとって有益な資料となることを望む次第である。

三　移動と自由の関係

本シンポジウムのテーマおよびその概要について説明してきたが、そこで少しふれた移動と自由の関係についてさらに考えてみよう。現在、全世界で人の移動と接触が制限されている。交通手段の発展により地球規模での移動がどの時代よりも安易になった現代だからこそ、気軽に他所の地域や国に行くことができないという状況の特異さが際立つ。これは未曽有の出来事だ。「未曽有」といったのは、単に友だちと遊べない、海外旅行ができない、仕事がリモートワークになったからではない。COVID-19がもたらした今日の状況は、人間にとっての自由とはなにかという問いを世界中でリアリティをもって発することができるほどの異常な事態だからだ。

フランスの哲学者フーコーが著した『監獄の誕生』は、十八世紀半ばに囚人にあたえられていた苛烈な身体刑の描写から始まる。ある囚人は、灼熱の鉄を体中に押しつけられ、溶けた鉛や油などを浴びせられ、四頭の馬によって四裂きにされたうえで、灰になるまで焼かれた(7)。近代以降のヨーロッパでは、受刑者への罰がこのような身体刑ではなく監獄への収容へと変容していった。このとき受刑者に科されているのは、閉じこめすなわち移動を禁じられた上での監視と矯正だ。さらにこの書物には、十七世紀末にペストの発生が宣言された際の措置について記されている。ペストに見舞われた都市や地帯は「閉鎖され、細分され、各所で監視され」、個々人は「どんな些細な動きも取締られ、あらゆる出来事が記帳」[8]された。封鎖された地域から外へ出ることは禁止され、違反すれば死刑となる。これらの細分化・規律化は、「さまざまの身体がごたまぜになれば伝染する病気」[9]、いってみれば無秩序としてのペストに秩序を敷くことを意味する。すなわち権力が個人をその細部にわたるまで分類し拘束する行為であり、それが監視と規律によって実現されることが夢想されているのだ。また疫病の流行はいつか終息するが、この非常事態を超えて人びとの日常生活に監視ネットワークによる権力を浸透させること、それが近代国家を成立させたという。近代の社会は監視都市としてして機能し、逸脱するものは規律と訓練によって秩序の側へと回収される。このとき、好き勝手動きまわる者は規律から外れた者とみなされるだろう。移動と自由の関係についてさらに例を付け加えるなら、たとえばある国で政府への批判が禁じられたとしても、別の国に行けばその思想を表現することができるかもしれない。しかし場所を動くことそのものを禁じられれば、そのような可能性は失われる。近代における個の自由とその制限という観点は、移動の自由と深く結びついているといえるのである。

この移動の自由が極端に制限されているのが、COVID-19の感染拡大下にあるいまの状況だ。制限の基準を作りそれを課しているのは各国の政府である。その必要性を訴える側からの見解としては、二〇二〇年三月十八日に行われたドイツのメルケル首相のスピーチが有名だろう。

日常生活における制約が、今すでにいかに厳しいものであるかは私も承知しています。イベント、見本市、コンサートがキャンセルされ、学校も、大学も、幼稚園も閉鎖され、遊び場で遊ぶこともできなくなりました。連邦と各州が合意した休業措置が、私たちの生活や民主主義に対する認識にとりいかに重大な介入であるかを承知しています。これらは、ドイツ連邦共和国がかつて経験したことがないような制約です。

〔……〕こうした制約は、渡航や移動の自由が苦難の末に勝ち取られた権利であるという経験をしてきた私のような人間にとり、絶対的な必要性がなければ正当化し得ないものなのです。民主主義においては、決して安易に決めてはならず、決めるのであればあくまでも一時的なものにとどめるべきです。しかし今は、命を救うためには避けられないことなのです。(10)

よく知られているように、メルケル首相は東ドイツの出身だ。ベルリンの壁が崩壊したのは一九八九年、首相が三十五歳のときだった。したがって首相は、移動の自由を禁じられる深刻さや、その権利が自明ではなく獲得された尊いものであることを、自分自身の体験としてよく理解していると語る。そのうえで、それでもこの処置をとらざるを得ないのだと国民の理解を求めている。「互いへの配慮から人との間に間隔を置くこと」が「唯一、思いやり」なのだと訴えかけているのだ。

他方、このような制限への批判もある。哲学者のジョルジョ・アガンベンは、ヨーロッパでも比較的初期にCOVID-19のまん延によって深刻なダメージを受けたイタリアに在住している。彼は二〇二〇年二月という早い時点でこの感染症とロックダウンに関する短いエッセイを発表し、その後も矢継ぎ早に自身の見解をウェブ上で公開している。その主張は、公表された直後から激しい批判を浴びることとなった。彼は二月二十六日のエッセイで、イタリア学術会議の声明を基にCOVID-19を「インフルエンザとそれほど違わない[11]」とし、政府が緊急政令を出すことに強い反発を示している。なおイタリア政府は、三月十日に全土でロックダウンを行った（図1－2）。アガンベンの見解には多くの反論がよせられた。たとえばジャン＝リュック・ナンシーは、早くも二月二十七日にアガンベンのエッセイに対する反論をウェブに掲載している[12]。わたし自身もアガンベンの見解のすべてに賛同するわけではないが、それでも彼の指摘には吟味すべき内容が含まれていると考える。

アガンベンは「A Question[13]」というエッセイで、「移動の自由」と「死者の遺体に関する問題」にふれている。移動の自由については、アガンベンがたびたび強調しているように、緊急事態という名の下での国家による統制が恒常性をもつ可能性を危険視している。また「死者の遺体に関する問題」として、わたしやあなたの親しい人間が一人きりで死んでいき、通常の葬儀を行われず埋葬されることへの正当性を問うている。死者の弔いは文化であり、それが十全に行われないということは人間の尊厳が脅かされている事態なのだと彼は主張する。いいかえるなら、これは人間という存在は「ただ生きていればいい」というわけにはいかないのではないかという問いになる。「ただ生きている」というのは、自由や権利、尊厳などを剥ぎとられて、命だけがあるという状態だ。それでなにが悪いのか、という意見もあるでだろう。非常事態なのだからまず生きることが最優先されるべきであるという考えは、強い説得力をもつ。わたしたちは、いま現に生きているのだから、この生を維持したいのであればそのための方法をもっとも重要視すべきである。そう主張されたなら、黙らざるをえないように感じるかもしれまない。しかし、それは問題を極端な二者択一にしてしまっているともいえる。生きのびることが肝心だとしても、そのためにあまりにも多くのことが後回しにされたり、犠牲にされることの妥当性についてわたしたちはもっと議論をするべきだろう。

生きのびることだけが必要なら、「体験型イベント」を継続させたり、資金援助を考えたりする必要はない。文化の継続や存続への訴えは、すべて不要であり不急であり無駄であり、切り捨てるべき対象となるはずだ。くり返しになるが、それが正しいとみなす人間もいるだろう。だが同時に、本当にそれでいいのか、いまわたしたちはなにを得ようとし、なにを棄却しようとしているのかを整理し、議論することもまた行われるべきなのだ。哲学者のハンナ・アーレントは、古代ギリシャ思想を基に人間の生をゾーエー（生物的な生、ただ生きているということ）とビオス（社会的・政治的な生、人間的な生）に分類する。[14] たしかにゾーエー、つまり生物として生きるということがなければ、ビオスという人間としての活動や言論を実践する生き方もない。だから短い期間を乗りきるためであれば、ゾーエーに最大限の優先権があたえられるという考え方が成り立つかもしれない。しかしCOVID-19が、数週間や半年程度の短期間で解決できる問題でなかったことはすでに明らかだ。そうであれば、わたしたちはこの感染症とどう向き合っていくのか、どんな社会やシステムを構築していくべきなのかを、常に情報をアップデートしながら考え、検討し、その内容を共有し続けることが肝要だろう。なんらかのかたちで、いつかコロナ禍は終息する。そのとき人類は生存しているだろう。そうであれば生きのびた先の世界がどのようなものであるべきかを、わたしたちは常に自分自身に問いかけその実現に向けて働きかけるべきなのである。
ここまで述べてきたことを、体験型イベントという文脈からとらえなおしてみよう。本シンポジウムでは、体験型イベントについてただその興行収入の減少や開催の中止を嘆きたいわけではない。それらもまた重要な点ではあるが、そういった面だけに着目してしまうと問題の浅い部分にしか理解がおよばないだろう。現在のところわたしたちは、COVID-19に感染しないか、感染しても治療をして生きのび、暮らしていく方法を模索している。このとき、感染症の予防や治療が重要であることは充分認識したうえで、移動すること、人と接すること、文化を引き継ぎ未来に渡すことの意味や価値に鈍感にならないよう注意するべきだろう。ヒトが文化的また社会的な意味での人として生きるということは、生物学的に生命を維持しているという以外のことを含む。種々の体験型イベントがおかれた状況を知ることは、その文化芸術的側面を考察することにつながる。本シンポジウムは、この問題意識から開催されることとなった。

注

（1）ジョヴァンニ・ボッカッチョ『世界文学大全Ⅱ-1 デカメロン』第二一版、柏熊達夫訳、河出書房、一九八〇年、一〇—一一ページ。〔 〕内は引用者による。

（2）宮崎揚弘『ペストの歴史』山川出版社、二〇一五年、九五ページ。

（3）ジョヴァンニ・ボッカッチョ『世界文学大全Ⅱ－1　デカメロン』第二版、柏熊達夫訳、河出書房、一九八〇年、一六ページ。
（4）ジョヴァンニ・ボッカッチョ『世界文学大全Ⅱ－1　デカメロン』第二版、柏熊達夫訳、河出書房、一九八〇年、三三七ページ。
（5）World Health Organizaiton. (2005) *Avian influenza:assessing the pandemic threat*, 25-26.〈URL: http://apps.who.int/iris/bitstream/handle/10665/68985/WHO_CDS_2005.29.pdf?sequence=1〉最終閲覧日二〇二〇年九月七日。
（6）アルフレッド・W・クロスビー「第十五章　人の記憶というもの――その奇妙さについて」『史上最悪のインフルエンザ――忘れられたパンデミック』西村秀一訳、みすず書房、二〇〇九年。
（7）ミシェル・フーコー『監獄の誕生――監視と処罰』田村俶訳、新潮社、〈新装版〉、二〇二〇年、七ページ。
（8）同上、二二八ページ。
（9）同上、二二八ページ。
（10）ドイツ連邦共和国大使館・総領事館「新型コロナウイルス感染症対策に関するメルケル首相のテレビ演説（二〇二〇年三月十八日）」〈URL: https://japan.diplo.de/ja-ja/themen/politik/-/2331262〉最終閲覧日二〇二一年二月十日。
（11）ジョルジョ・アガンベン「エピデミックの発明」高桑和巳訳、『現代思想』四八（七）、青土社、一〇ページ。
（12）ジャン＝リュック・ナンシー「ウイルス性の例外化」伊藤潤一郎訳、『現代思想』四八（七）、青土社、一一ページ。
（13）Agamben, Giorgio."A Question" trans. Adam Kotsko.〈URL: https://itself.blog/2020/04/15/giorgio-agamben-a-question/〉最終閲覧日二〇二一年二月二十七日。
（14）ハンナ・アーレント『人間の条件』志水速雄訳、筑摩書房、一九九四年。

日本発ポップカルチャーを通じたファンコミュニティの交流
——COVID-19とイベントのオンライン化に関する検討

中村仁

はじめに

本稿では日本発ポップカルチャーに焦点をあて、ファンコミュニティとイベントの関係性を検討することで、ファン同士の交流はどのようなものであり、それは新型コロナウイルス感染症流行の影響でどのように変化したかを考察する。

日本発ポップカルチャーとは、狭義には「日本にルーツを持つ創作者もしくは企業等によって産み出され、アニメやゲーム・マンガなど現代の若者を主たる消費者層とするポップカルチャー」と説明できる。しかし、現代ではあらゆる作品が多言語化され世界中で消費されることから、これらに触発され日本以外の各地で産み出される作品群も広義の解釈では含まれるであろう。本稿では広義の定義としての日本発ポップカルチャーとして、この用語を使用する。

その上で、日本発ポップカルチャーに関連するイベントに注目し、これらをファンコミュニティ、もしくはファンの交流という視点から考察することが目的である。このようなイベントは日本国内で開催されて海外からの来場者も含むものから、海外で開催され現地在住の参加者が多いものの、在住の日本出身者ないし日本からの参加者が含まれるものまであり、ポップカルチャーを通じた国際交流の機会となっている。ただし、これらのイベントが「国際的」であるか否かを問うことは難しい。なぜならば、イベントの参加者にとって、ファンコミュニティを通じた趣味の交流において、コミュニケーション上言語的な問題は確かに存在するが、それはあくまで言語能力に関することであり、国籍や在住国をわざわざ問う必要性はほとんどないからである。とはいえ、海外において日本からの参加者が喜ばれる事例や、日本で開催されるイベントで海外からの参加者が歓迎されるなど、国籍や在住国がまったく意味を持たないということもない。

このように、本稿で紹介する事例については国際的な交流を含むが、国際的であるか否かを問わず、基本的には交流という視点で整理する。その上で、日本発ポップカルチャーの広がりやそれを通じた交流が新型コロナウイルスの感染拡大においてどのように変わったかということも検討する必要がある。

一　関連するイベントの開催形態

最初に、日本発ポップカルチャーに関連するイベントにはどのような形態があるかを整理する。

第一の形態は展示会型である。これは、国内であれば東京ビックサイト（東京都）や幕張メッセ（千葉県）といった展示会場などで開催され、作品を産み出す企業・団体等は展示場内に区切られたブースに出展する。来場者はその展示ブースを訪問したり、その一角に設けられた販売所にて関連商品を購買するという形態である。国内の大規模な事例を挙げれば、「AnimeJapan（アニメジャパン）」や、「Tokyo Game Show（東京ゲームショウ）」などがこれにあたるであろう。機能としては美術館や博物館に近い楽しみ方であるとも言える。

第二の形態は、ステージ型である。コンサートホールなどで開催され、ステージ上でのトークショーや演劇、コンサートなどの実演を来場者は観客席から見る形態である。機能としては他の演劇やコンサートと大きく変わることはない。ゲームやアニメでの作中曲を演奏するコンサートや、作品を演劇化した二・五次元舞台、作品の制作に関わるプロデューサーや声優などによるトークショーなどがここに含まれる。

三番目はユーザー生成コンテンツ型である。これは、展示会型・ステージ型の双方の特性を併せ持つ形態である。通常、展示会型やステージ型のイベントは出展者と来場者を厳密に区分しうるが、ユーザー生成コンテンツ型は出展者が同時に来場者ともなりうる。「コミックマーケット」などをはじめとした同人誌関連のイベントや、アートやアクセサリー中心の「デザインフェスタ」のほか、コスチュームプレイ（コスプレ）などのイベントがこれらにあたる。この形態の場合は、販売や交流の要素が非常に強くなると言える。

現在では、この三つの形態が複数組み合わさったイベントは多い。日本国内では、展示会型・ステージ型が組み合わさっているほか、ユーザー生成コンテンツ型に展示会型とステージ型が併設されているケースも見受けられる。一方、特に海外で開催される日本発ポップカルチャー関連のイベントはほぼこの三つが組み合わさっている。これは、日本国内の場合は多くのイベントがゲームやアニメの業界団体が主催するものと、同人誌即売会など専門のイベント主催者がどれか一つの形態を中心として開催するものに大別されるのに対し、海外の多くは三つの携帯が組み合わさったコンベンションとして開催されるケースが多いことを理由とする。

二　イベントでのファンコミュニティの交流の形

多くのイベントでは、開催中ないし開催前後に参加者同士の交流が行われる。これは日本発ポップカルチャーのイベントにとどまらず、他のジャンルのさまざまなイベントも、単にイベント中に提供されるコンテンツのみが楽しまれるのではなく、ＳＮＳなどを通じて、イベントでの出来事が参加者同士の話題として消費され、それをきっかけとして交流するなどの形でも楽しまれている。

イベントが開催される際、近隣に住む来場者以外は鉄道や飛行機などの移動手段を用いる。開催時間や開催日程によっては宿泊を伴う。イベントに関連する趣味に関する基礎知識や個別の作品の情報をまったく知らないという来場者は少ない。いわば、趣味を通じた交流をすることのできる人々が大規模に集積した状態である。SNSなどで同好の友人と交流がある来場者にとっては、旧知の、あるいはまだ実際には会ったことがない趣味の友人と事前に会うなど、会場周辺で交流が発生する余地がある。

このように既に繋がりがある人々の交流はもちろんであるが、それ以外にも繋がりが生まれる余地もある。多くのイベントでは、トークショーなどを観覧するための整理券の配布や関連商品の限定的な販売が行われる。これらを手に入れるため、来場者が一人で手に入れようとした場合、一つ二つであれば成功するであろうが、目的のモノ全てを手に入れることは非常に難しい。大抵、会場は広く、それぞれのブースなどでは行列ができ、それぞれで時間を消費してしまうためである。しかし、他の人と共同してお互いの分を一緒に手に入れる行動を選択すれば、より時間を効率的に使用することができるため、これらをより多く手に入れることができる可能性がある。そのために友人はもちろんのこと、時には知らない誰かと助け合うこともある。このような助け合いはイベントごとの一回限りである場合も多いが、これをきっかけとしてある程度長期間にわたる場合もある。たくさんのイベントが開催されており、行列の作り方なども違うため自分がどのくらいの順番で入場できるかは直前までわからないことから、「早く会場内に入ることができた人が他の人の分も手に入れる」ことが合理的な行動となる。つまり、その時々によって購入等に有利な環境を手にした来場者は違うため、長期にわたる助け合いの方が合理的である。この助け合いは整理券の入手ないし商品の購入という機能的な部分であるが、それだけではなく、趣味や目的が近い人たちとの交流のきっかけともなっている。

このように、当初は購入のための協働という、いわばそれぞれの購入欲を満たすための一時的な共働であったものが、SNSなどを通じて自分と近い作品の受け止め方や物の見方が近い人たちと交流が生まれ、趣味を通じた縁となることもある。

SNS普及以前でも、いわば「イベント友達」としてこうした交流が生まれることもあったが、SNSが普及した現代はより多くの情報が事前に交換できることから、より容易になっていると言える。国際的な繋がりとしてもこれは成立する。例えば、日本の作品のファン同士であれば日本在住者は海外の友人から商品の購入を頼まれることなどもあり、それは趣味縁の継続にも繋がり、時には国境や言語の壁を超えた交流が生まれるチャンスでもあるのだ。もちろん、海外の友人に日本在住者が依頼するケースもある。

このように、本来出展者から来場者への情報流通は一方通行であるはずの展示会型やステージ型のイベントも、実際にはそれをきっかけに来場者の交流が生まれる可能性を持っている。そこで生まれた趣味をきっかけとした縁は、関連するイベントでの直接的な交流やSNSでの交流などを通じて共通の話題に関心がある人々が交流することでより深まることとなる。

ただし、その後趣味を越えた友人となるのか、その関心の対象から遠ざかった時に縁も切れてしまうのかなど、継続性の観点からはより深く研究することが求められる。

三　インターネットなどがもたらしたファンコミュニティ内の交流方法の変化

ここまでにおいて、関心のある作品等を通じた、イベントを「場」とする趣味を通じた交流について説明した。しかし、本稿執筆時点では新型コロナウイルス感染拡大下にあり、上記で述べた状況は大きな制約を受けている。多くのイベントは開催中止となるかオンラインでの開催となり、現地開催の場合でも主催者による来場人数の制限や来場者側のリスク回避による減少など、開催を難しくする要因が多数発生している。このようにイベントの開催が難しい中、趣味で繋がる人々の交流はどのようにその形を変えているか、またこの状況下ではどのような情報が流通するか、ということを検討していきたい。

技術革新によりコミュニケーションの方法が変化してゆくことに対応し、趣味を通じた交流の形も変化してきている。ここでの説明は日本国内に限るが、おそらくは海外でも同様の変化があったと言える。遠隔でのコミュニケーションのやり取りが手紙や電報、そこから発展して電話やファクシミリであった時代には、こういったファンコミュニティでの情報流通は、紙のメディアが中心であった。また、それらをベースとしたイベントでの交流によって生まれた人的ネットワークなどが大きな要素を占めていたのである。これらは、作者や作品のファンクラブなどが自主的に形成され、その中で参加者がそれぞれ書いたものが掲載された会報や、定期・不定期に開催される一種のファンミーティングなどで交流が行われてきた。このようなネットワークに参加しなければ、学校内などでない限り最初は共通の趣味の友達を探すことは難しく、交流も難しかった。またアニメ雑誌などでも友達募集欄を通して文通募集などが行われていた。

このような形態のファンコミュニティはパソコン通信の普及以降、爆発的にコンピュータ上に置き換わっていくことになる。パソコン通信は、ホストのコンピュータを介してリアルタイムに送受信もできるため、ファンのコミュニティ形成もネットワークの形成も容易になっていく。ただし、これらは大学生などコンピュータの技術に関心があってリテラシーもある層が中心であり、社会一般に広がっていったとは言いづらい。加えて、パソコン通信の時代は、電話線を使った従量課金中心の料金体系だったため、通信料の関係から地域性が生じていた。特に国外とのコミュニケーションには非常に高いコストがかかり、国際交流はきわめて難しい状況であった。とはいえ、パソコン通信普及期以降は手紙と違って多人数での頻繁な交流ができるようになったことから、頻繁に「オフ会」と呼ばれる会合を開くような交流も可能になってきた。

インターネットの普及に伴い、これらの状況はさらに大幅に変化していくことになる。紙媒体が中心であった時代の雑誌の文通欄などはもはや影響力を失っていき、ファンネットワークのインフラは、インターネット上にどんどん移ることとなった。インターネット上の掲示板やmixi（ミクシィ）のようなＳＮＳ、Twitter（ツイッター）、最新であれば、Clubhouse（クラブハウス）などのプラットフォームがそれにあたるであろう。このようにさまざまな形態で、インターネット上にあるサービスを活用してファンネットワークが形成・維持されることとなる。ほとんどの人々がインターネットを利用できるようになり、距離と電話代の相関関係もなくなることから地域性も薄れる。趣味の友人同士で本名や住んでいる場所をお互いに知らなかったり、パソコン通信の時代にはよく見られた、どこの大学に通っているかなどの情報も、あまり表に出てこなくなった。きわめて匿名性が高くなったのである。そのため、共通の言語さえ使用できれば、世界中どこからでも参加が容易になる環境に変わった。このように現代はファンコミュニティへの参加はかなり容易になっており、国際的な交流もしやすくなっている、と言えるだろう。将来的には自動翻訳の活用も進み、ますます国境を越えたものになっていくと考えられる。

四　日本発ポップカルチャーのローカライズとファンコミュニティ

イベントと交流という視点に立つ際に考慮しなくてはいけない重要な点は、来場者とはどのような存在であるか、という点である。参加者とは、あくまでも客であり、客体ではないか、という考え方もあるが、ここではアーリ他の『観光のまなざし』という見方から少し考えていきたい。観光において、人（旅人）は「異文化の地」に足を踏み入れ、「観光のまなざし」によって新たな知見を得ると言える。これだけでは単に観察者であるが、実際にはそうではない。観光地においては、そこに来訪する他の観光客自体も観光地を構成する重要な要素の一つであると言える。人々は賑わいに喜びを感じ、他の人々も来訪していることに価値を感じる場合も多いからである。

これは筆者がアメリカ合衆国イリノイ州のシカゴにあるチャイナタウンに行ったときの写真である（**図２－１**）。チャイナタウンらしい風景だけでなく、英語圏の国であるにもかかわらずこのエリアでは多くの人々が歩きながら、もしくは飲食店で会食しながら、中国語を話しているのが常態であった。これは観光客という視点から見た場合、「街の雰囲気を味わう」という点でも極めて大切なことである。

図２－２はオハイオ州のケント州立大学、**図２－３**はボーリンググリーン大学へ講演で訪問した際

図 2-1　イリノイ州シカゴのチャイナタウン。多くの看板は中国語で表記され，中国をルーツとする人々が集まっている（2014 年 4 月筆者撮影）

図 2-2　ケント州立大学（オハイオ州）での講演後のギャザリング（2019 年 11 月 1 日撮影）

図 2-3　ボーリンググリーン大学（オハイオ州）での講演後（2019 年 10 月 31 日撮影）

の写真だ。原則として外部からの参加はなく、大学内で日本の文化に関心がある人たちが聴講するというものだった。ボーリンググリーン大学は主に日本語・日本文化を学ぶ学生たち、ケント州立大学はファッションを学ぶ学生が中心であった。どちらの大学にも多くの日本発ポップカルチャーに強い関心を持つ学生たちがおり、熱心に聴講していた。ちょうどハロウィンの時期と重なり、聴講中は仮装姿の人もいたが、その中には日本発のコンテンツの仮装をした学生も見られた。アメリカに限らず、各地に日本の若者文化のファンは一定数存在している。彼ら、彼女らは日本に来たことはない場合が多いものの、メディアを通じて日本の作品を知り、そこで縁をつなぎ、日本の文化に関心を持っている。また、このような文化交流には現地の総領事館や国際交流基金、さらには大学で日本語・日本文化を教授する教員たちがハブとなって支えている。

また、日本発ポップカルチャーが現地で受容され、溶け込む場合もある。**図２－４**は台北にある、

図 2-4　台北市のアパレル店舗（2011 年 9 月筆者撮影）

図 2-5　台北市の「沖縄名物炭焼餅」屋台（2011 年 9 月筆者撮影）

図 2-6　台北市の書店の漫画エリア（2011 年 9 月筆者撮影）

図 2-7　台北市の台北駅地下商店街のメイド喫茶の交流ノート（2011 年 9 月筆者撮影）

偶然通りがかったアパレル店で見かけたハローキティとのコラボのシャツだ。台湾のアパレルブランドで、デザインは台湾寄りになっている。図2-5は、元々日本にあるのかは不明だが、沖縄名物を謳う焼餅の屋台で、おそらく二、三十年近くあると思われ、かなり現地化している。図2-6は書店の漫画エリアであるが、日本の漫画に混ざって、台湾の漫画家が描き、台湾の出版社から出している漫画も販売している。図2-7は台北駅地下街にあったメイド喫茶の交流ノートの一ページだ。「私は日本に行ったことがないが、日本に憧れているのでいつか行きたい、頑張って貯金したい」ということが書いてある。このように、日本の文化に関心を持ち、なんとかそこに近づこうとする人たちが、海外には存在しているのである。

一方、日本発とは全く気づかずに消費されることもある。図2-8は二〇一九年の「YOUMACON（ヨウマコン）」という、ミシガン州デトロイトで開催されていたアニメ・ゲーム等のコンベンションである。このようなコンベンションで扱われる作品は必ずしも日本発ではなく、「Marvel（マーベル）」のようなアメリカ発祥のものも多い。創作活動の発表の場でもあり、大学等のサークルなどで開発されたゲームの試遊や販売のためのエリアや、漫画やイラスト、ファッション関連のグッズなどを販売するためのブースなども設けられている。また、筆者の他声優などによる講演・トークショーがホールで開催されていたほか、趣味の世界で有名なファンによるファンのためのトークショーも多数開催され、小さな会議室がたくさん使用されていた。このコンベンションは入場料制であり、各日日本円で一―二万円程度の参加費を払えば、物販などを除いて各ブース、各講演は原則無料で楽しむことができる。

このほか、**図２－９**のように会場内にはフリープレイのゲームコーナーがあり自由に遊ぶことができる。そこには日本のゲームがたくさん置いてあり、特にアーケードゲームにかなりの数の日本製ゲームがある。アーケードゲームは、商品イメージのためや、海外販売のためにゲーム内の説明等が英語でしか表示されない場合も多く、遊んでいる人たちにとってはこれが日本でつくられたゲームなのか、それともアメリカや他の国でつくられたゲームなのかはあまり意識されない。ただし、「このゲームは日本製だったよな」と、うっすらと日本発の文化として消費されている場合もあるようである。

図２－10は、日本では「ビタミン系」と呼ばれるアパレルのブースであるが、地元のデザイナーによるものでデトロイト周辺では結構人気があるようだ。ヒアリングしたところ、出展者は日本のファッションに憧れてこのお店を始めたようだ。全般的に、日本に行ったことがある人は多くないようで

図 2-8　YOUMACON2019 の看板。日本と違い，入口に大きく看板を掲示することはない（2019 年 11 月 1 日筆者撮影）

図 2-9　ゲームコーナー。プレイ毎の料金はかからず，入場料としての参加費に含まれている（2019 年 11 月 1 日筆者撮影）

図 2-10　物販ブースの一つ（2019 年 11 月 1 日筆者撮影）

あったが、メディアを通じて知った日本の文化がローカライズされたのちに消費され、さらに文化として拡大しているのである。

このように、本来の「日本発」という色合いが薄れても、広い意味での日本発ポップカルチャーというものは広まっていると捉えて構わないのではないだろうか。そのような意味では、海外のファンコミュニティーはある程度自立しているといえる。

五 コミュニケーションの変化と国際化

インターネット普及以前はコミュニケーション上の問題から、日本国内と海外が密接に繋がるようなファンコミュニティの接点は、非常に生まれづらかったと言える。日本発の作品が接点となる場合でも、言語の壁はもちろんのこと、その公開時期の差異などによる温度差もあり、まだ完全な国際化には大きな壁があると言ってよい。しかし、日本発ポップカルチャーが交流のきっかけとなる、という点は間違いないことも確かである。

海外において、ある作品が日本発のものかどうかは必ずしも理解されてはいない可能性があるが、日本とのなんらかの関連性があるものと認識されてはいる。また、海外に行くと、日本に行ったことはないが、いつか行きたい、もしくは、留学で来ている日本人と交流したいという、日本への憧れを持つ人々は多く見受けられる。

海外において開催されるコンベンション等のイベントは、言語や地域という特性から、自立性が高いコミュニティであると言える。そのため、ファン同士はメディアを通じて伝播した日本発ポップカルチャーを接点としてインターネットなどのプラットフォームを使い交流しているが、言語や地域からは完全には脱却していない。だからこそ、それぞれの地元の文化に根ざした形でのファンコミュニティが形成されているとも言えるのではなかろうか。

このように、海外においてもイベントはファンコミュニティの接点として重要であるが、現在は新型コロナウイルスの感染拡大により日本と同様に開催は難しくなっている。そのため、国内・海外を問わず、ファンコミュニティでの実際の交流は、かなりの部分がインターネット等を利用したオンラインになっていると言える。これにはLINE（ライン）やDiscord（ディスコード）の通話機能など、音声によるものも含まれるが、多くがインターネット系プラットフォーム上で行われていると言える。そのため、展示施設等で開催されたイベントで初めて人と出会うという、これまでは数多くあった交流の機会は今の状況では難しいであろう。

六　イベントのオンライン化上の諸問題

筆者が中学生の頃、当時はインターネットなど普及しておらず、イベントに行き、物販の際にその場にいる人とお互い自分は欲しくないが相手が欲しいと言うものを代わりに購入したり、トークショーで隣の席に座った人と友人になったりするなど、イベントは助け合いなどを含め交流の重要な場であった。今はネットで事前に交流するケースが多く、昔のような接点とは異なっているのではないか。雑誌の読者投稿欄や、その他の紙媒体に交流の中心が回帰することもないだろう。むしろ、新型コロナウイルスの感染拡大下では、自分のコンピュータを使いオンラインでコミュニケーションをとるということが、安全であり、便利だと言える。もちろんリアルな出会いもあるが、その関係性はオンライン上で維持されるという状況がずっと続いている。

現代では、ファンコミュニティ内での情報の流通や人間関係の構築は、イベントをきっかけにするというよりも、イベントを利用してより関係性を深めるという時代になってきているとも言える。多くの人は、新しいものを知るというよりは、既に持つ知識でさらに楽しむ場としてイベントに参加する。これはオンラインのイベントであっても同様である。イベントには新作の発表やその他の新しい情報を得る場としての機能もある。しかし、それらはほぼ同時にTwitterなどで情報が流され、それを起点として情報が拡散していく。ただし、「イベントで発表された」ことは話題を提供する上での重要なポイントとなる場合も多い。

イベントが実際に開催されている場合は、ファン同士の初めての出会いはもちろんのこと、昔同じ作品が好きだった人たちが集まったりするという同窓会的な機能もある。しかし、オンラインでは簡単に開催できる一方、集まって交流することはしづらくなっていると言える。

オンラインでなく開催されるイベントでは、誰かの代わりに買いに行ったり、一緒に買ったりといった助け合いが発生する場面も多く、人間関係がかなり大事であった。しかし、オンラインではそういった共同作業はほとんど発生しないため、交流が生まれづらくなっているとも言える。

感染拡大に十分配慮した上で、実際に開催するイベントもあるが、多くは代替の開催手法としてオンライン化が選ばれ、動画配信などを用いた開催となっている。これは、ステージ上のトークショーなど動画配信に適した部分をイベントから切り出し、それらをオンラインで配信するといったものである。もちろん、通信販売を行うことで物販も可能であろう。展示会としての機能は、ブースやステージを動画での紹介に変えた上で、それを配信するという形に移行しつつある。

このように、オンライン化したイベントは動画配信が主体であり、場合により通信販売による物販が行われている。ただし、小規模には実際に開催し、会場内の様子をライブで配信するなどの取り組みもあるが、来場者数の規制などもあり非常にハードルが高い。とはいえ、動画配信のみで、完全にリアルイベントにとって代わることができるかというと、それも難しい。

また、オンライン化したイベントならではという問題もある。動画配信の場合、「スクリーンショットや動画を撮らないでください」という注意があることが多い。一方で、展示会の場合は原則撮影可であり、多くの来場者は撮影した写真をＳＮＳで公開するなどして発信する。つまり、オンライン化したイベントにおいてスクリーンショットなどを禁止していることで、視聴者は自分で撮った写真をＳＮＳ上に公開する形での情報の伝播ができなくなるという問題がある。結果として、発信力が弱まり、実際に開催した場合と比べて情報の拡散が大きく抑制されることになる。ただし、これらがかなりの制約となっている一方で、知的財産権を守るという点では禁止せざるを得ないという判断をする企業も多く、難しい問題となっている。

結果としてイベントのオンライン化は、配信者と視聴者の区別がより明確になることとなり、SNSを通じた情報の拡散など、展示会での来場者が担う情報の伝播といった役割を視聴者には期待しづらくなる。そのため、視聴者がイベントの大きな一構成要素ではなくなり、存在が希薄化してしまうという問題を抱えている。また、人々がイベントのために家から出かけ、会場という一種の祝祭空間を訪れることによって得られる、気分の変化や特別感をオンラインで得ることは難しい。オンライン化は利便性が高まるが、それは楽しみが増加することとは相反するとも言える。

会場を使用したイベントであれば、来場者はあるグループで話したあと、次にまた別のグループのもとに行き話す、といったことも普通である。だがオンラインではそのようなことは難しい。確かにオンライン上で数人ずつのグループを作ることはできる。しかし、イベント会場ではそれは自然に発生するものであり流動的であるのに対し、オンラインでは主催者側がグループを独自に切り分けるしかなく、表面上は似ているものの、実態は大きく異なってしまうからである。もちろん、参加者全てが一堂に会したギャザリングではコミュニケーションがほとんど成立しないことは論を俟たない。

また、会場での開催は新型コロナウイルスの感染拡大状況によって中止になるリスクがある。しかし、これもオンライン上の動画配信であるからイベントが確実に開催できるかと言うとそうではない。出演者が罹患したことなどを理由として、突然配信ができなくなるケースもありうる。

これらを踏まえると、オンライン化は実地の開催と比較するとあくまで代替手段であり、リスク回避が万全であるわけでもない、ということがわかる。情報の拡散という点で大きなハンデを背負うことも考えると、これらは状況の収束とともに実地の開催へ移行するであろう。もちろん、その過程で知的財産権上の一定の解決が見られ、動画配信のスクリーンショット等をＳＮＳで公開することも許諾されるような方向に進む可能性はあるが、現状では難しいであろう。

七　オンライン化したファンコミュニティはどこに向かうのか

新型コロナウイルス感染症の感染拡大は、ファンコミュニティにも大きな変化を与える。これまでも遠隔地であることや時間帯が合わないなどの理由で、ファンコミュニティがオンラインベースで維持されることは珍しいことではなかったと言える。しかし、居住地域が近い場合や、全国規模のイベントの開催に合わせた会合など、ファン同士で顔を合わせる機会もあり、これらによって人間関係の濃淡があったと言える。また、コミュニティ内での接点から新たな知見を得る機会もあった。前述のパソコン通信のコミュニティにおける「オフ会」などは、その典型であったと言えるであろう。もちろんTwitterやFacebook（フェイスブック）など、さまざまなＳＮＳでもオンラインのコミュニティが成立しており、それとともにオンラインで知り合った人々が実際に合う機会も多く生まれてきたと言える。

新型コロナウイルス感染症の感染拡大がコミュニティに与える影響の中で大きなものの一つは、人が誰かと会うことについて、非常に強い心理的規制が働いたことである。日本国外の場合はこれが刑事罰も含めて法的に規制されているが、国内では自主規制の枠に留まっていると言える。とはいえ、オンラインコミュニティでの知人友人が実際に顔を合わせるために集まろうと言い出すのは難しい雰囲気であること、さまざまな理由により参加者が見込めず成立が危ぶまれること、事後的に批判を受ける可能性があるなど、実際に集まる機会は激減したと言える。また、飲食店の営業時間に関する規制や酒類の提供の規制など、自主規制も含めた各種の制限は、これに拍車をかけると言える。

おそらくこの先ワクチンやその他の医療手段の開発・普及によりこれらの改善は見込めるものの、それこそ居酒屋をワンフロア貸し切るような大規模なものは難しいであろうことは想像に難くない。そうなると、ワクチン接種が普及した後も、しばらくは実際に会う形での集まりも、少人数での会合などが中心であろう。そうなると、ファンコミュニティにおけるオンラインの比重は、当分の間は高まることが想定されるであろう。

ただし、これはこれまでと同等の熱量、同等の密度であることを意味しない。前述のClubhouseなど、爆発的に流行したものの、その後当初の熱量が維持できないオンラインコミュニティプラットフォームがいくつも生まれ、消えていくであろう。

また、同人誌コミュニティにおける同人誌即売会など、リアルなコミュニケーションが主体であったものがどの程度オンラインで成立しうるかはとても難しい問題である。確かに通信販売は代替手段たりうるが、それが主流となるかどうかは難しい。これは、神社でのお祭りなど祝祭空間における人間の行動が、自宅において同様の熱量たりうるか、ということに近いであろう。実際、同人誌即売会は新型コロナウイルス感染拡大下でも一部開催されてはいるが、その同人誌の頒布に特化し、なるべくコミュニケーションを取らないような配慮がなされていることから、これまでと同様とはいかないと言える。

これらを踏まえると、これまでのような形は、予防手段としてのワクチンのみならず、インフルエンザにおけるリレンザのような特効薬が生まれるまでは元のような形は難しいのではないか、と考えられる。

おわりに

ここまで述べてきたことを踏まえると、ポップカルチャーイベントの参加者にとって、実際に集まることや、展示会場等で開催されるイベントに行くということの楽しさは捨てられず、ファンコミュニティにおける交流の点でも重要であることは明らかである。また、宣伝上の視点からも、オンラインでの動画配信が持つ制約は容易に解決できないと言える。ワクチン接種の普及などを踏まえて、状況収束後のイベントの展示会場等での開催可能を進めるためにどうするかということを、今後は検討する必要がある。それまでの間、オンラインでも、なんとかリアルの楽しみの一部でも実感できるよう、さまざまな模索を続けていくことが必要になる。

とはいえ、現在もオンライン化の状況でどのように代替たりうるかという点で、さまざまな取組みが行われている。オンラインでの動画配信はこれまでも活用されており、これらのエンタテイメント性や情報流通のプラットフォームの一つとしての機能は、状況収束後も必ずプラスの要素となるであろう。動画配信によるオンライン化は、日本発ポップカルチャーの国際的な展開という点では重要な手法であると言える。新しい作品やサービスなどを含むさまざまなエンタテインメントが、世界に向けて同時に届けられることで、時間差のない広がりが見られる可能性を持つ。特に、多くの動画配信プラットフォームでは、自動翻訳による字幕機能などもあり、言語的に完全に正確ではないにせよ、多言語化ができることは大きな利点であろう。

また、SNSでもさまざまな翻訳機能などがあり、多言語間の交流もできるようになってきた。ただし、細かなニュアンスの違いなどで参加者同士がもめる可能性も将来的にはあるだろう。しかし、まったく違う言語で生活する人とも交流ができるという点では非常にプラスのきっかけである。

日本発ポップカルチャーは日本が海外に認知される上で重要な要素となっており、これらはテレビなどのメディアやインターネットの他、世界各地で開催されるイベントなどでファン同士の交流によって複数のコミュニティが発生していることをこれまで述べてきた。そして、自宅を出てイベント会場に向かい、祝祭空間としてのイベント会場を訪れることの非日常性は、交流においても重要な要素である。日々を暮らす存在ではなく、ファンコミュニティというサードプレイスの中で自分というものを見出すことができる。
今後そういったことを考えていく上で、日本発ポップカルチャーとファンコミュニティ、そしてイベントとの関連性はより多くの研究が望まれる。

参考文献
John Urry, Jonas Larsen, "The Tourist Gaze 3.0", London: Sage Publications, 2011.（加太宏邦訳『観光のまなざし』法政大学出版局、二〇一四年）
中村仁「観光地ライフサイクル論とアニメツーリズム――多様化するアニメツーリズムを活かすには」『アニメツーリズム白書 2020』KADOKAWA、二〇二〇年、八―一三頁。

参加型文化としての二・五次元舞台

――ウィズ・コロナ時代の模索

須川亜紀子

はじめに

二〇〇〇年代後半ごろから、特に若者のあいだで二・五次元舞台が隆盛である。二・五次元舞台とは、アニメやマンガ、ゲームを原作・原案とする舞台のことである。一般社団法人二・五次元ミュージカル協会によると、「二・五次元ミュージカル」とは、「二次元の漫画・アニメ・ゲームを原作とする舞台コンテンツの総称」[1]（二〇一八年）である。この定義では「ミュージカル」という用語を使用しているが、ここには音楽劇（ミュージカル）だけでなく、台詞劇（ストレートプレイ）も含まれる。また、同じ定義を使用して、二〇〇〇年から「二・五次元ミュージカル」（ミュージカル以外の舞台も含む）市場を調査しているぴあ総研[2]（二〇一九年）によると、新型コロナウイルス感染拡大が始ま

年	タイトル数(作品)	公演回数（回）	動員数（万人）	市場規模(百万円)
2000	15	251	26	1,400
2001	17	481	74	4,049
2002	14	144	11	607
2003	17	235	12	658
2004	19	197	11	585
2005	22	284	22	1,356
2006	20	407	46	3,076
2007	19	329	38	2,137
2008	29	549	54	3,225
2009	35	599	68	4,273
2010	38	544	29	1,859
2011	39	733	48	2,856
2012	69	1,505	115	6,577
2013	88	1,521	139	8,698
2014	103	1,409	136	9,428
2015	123	1,660	132	10,395
2016	133	1,889	150	12,907
2017	171	2,734	223	15,613
2018	197	3,695	278	22,632

図 3-1　2.5 次元ミュージカル市場の推移（出典：ぴあ総研「2.5 次元ミュージカル市場の推移 2000-2018 年」，表・グラフは再作成）。2.5 次元公演の定義：日本の漫画，アニメを原作とし，舞台コンテンツとして上演されたもの

る二〇二〇年一月までは、観客動員数、タイトル数は、二〇一一年の東日本大震災で一時下降するものの、ほぼ右肩上がりで成長し、二〇一八年には観客動員数二七八万人、タイトル数一九七作品、市場規模は約二二六億円であった（**図３－１、図３－２**）。

ただし、同じマンガ、アニメ、ゲーム原作・原案の舞台でも、宝塚歌劇団（以下、宝塚と表記する）や歌舞伎による舞台は、その独自の様式やあてがきの演出手法などが顕著ゆえに、ファンがとらえる「二・五次元舞台」とはかなり異なる。たとえば宝塚は、戦前の一九二四年に当時大人気だった四コママンガ『正チャンの冒険』を舞台化している。また宝塚の代表作の一つ

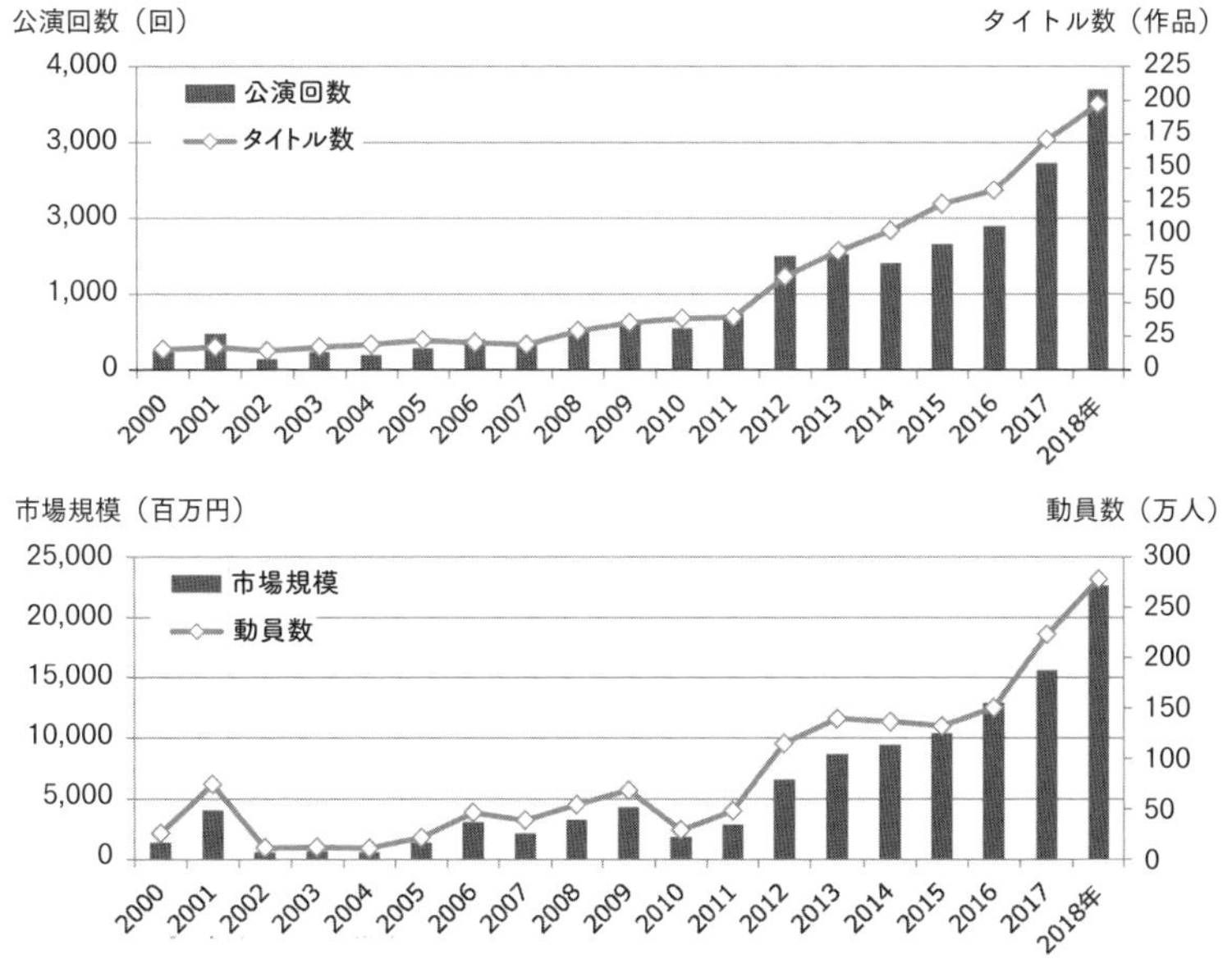

図 3-2　2.5 次元ミュージカル市場の推移を表したグラフ（出典は図 3-1 に同じ）

ともいえる池田理代子の同名少女マンガ（一九七二―七三年）が原作の『ベルサイユのばら』（初演一九七四年）など、マンガ／アニメなどでおなじみの作品の舞台化もいち早く手掛けている。歌舞伎においては、尾田栄一郎の少年マンガ『ONE PIECE』（一九九七年―）が原作の『スーパー歌舞伎Ⅱワンピース』（初演二〇一五年）、岸本斉史の少年マンガ『NARUTO』（一九九九―二〇一四年）原作の『新作歌舞伎NARUTO』（初演二〇一八年）、宮崎駿のマンガ『風の谷のナウシカ』（一九八二―九四年）原作の『新作歌舞伎風の谷のナウシカ』（初演二〇一九年）などは、いずれもマンガ／アニメの舞台化である。しかし、これらの宝塚作品や歌舞伎作品は、その独自の演劇様式、舞台文化などの理由で、ファンからは二・五次元舞台とはみなされていない。

ファンが二・五次元舞台と認識するのは、単にマンガ、アニメ、ゲームを原作・原案とすることではなく、狭義の限定的な要素ゆえである。二・五次元舞台の狭義の意味は、マンガ、アニメ、ゲーム原作・原案舞台（音楽劇、台詞劇）の中でも、関連コンテンツ（イベント、ライブコンサートなど）も行われ、かつ「特にキャスト自身の知名度よりも、二次元キャラクターのビジュアル・内面・世界観の、三次元における再現性が前景化」しており、「俳優たちが、俳優業以外にアイドル活動に類似する活動やSNS発信を活発に行」い、「マーチャンダイズの重要性が相対的に高」く、そして「ファンの参加・関与の重要性が高い[3]」ものである。本稿もこの定義に基づき、論を進める。

二・五次元舞台が、その他の演劇と大きく異なるのは、その急激な市場規模拡大だけでなく、コンテンツの多メディア展開とファンによるコンテンツへの積極的な参加によって成り立っている点である。ファン研究の第一人者ヘンリー・ジェンキンズは、二〇〇六年に「コンバージェンス文化」という概念を提示し、その定義を、「①多数のメディア・プラットフォームにわたってコンテンツが流通すること、②多数のメディア業界が協力すること、③オーディエンスが自分の求めるエンターテインメント体験を求めてほとんどどこにでも渡り歩くこと[4]」としている。このコンバージェンス文化の概念は、多少の差異はあれど、日本では「メディアミックス」としばしば呼ばれる仕組みである。日本ではいまや複数のメディア・プラットフォームでのコンテンツの展開が常態化しており、例えば、小説やマンガなどの活字作品の映像化（アニメーション、実写映画、ドラマ）、ゲーム化（ソーシャルゲーム、パチンコなど）、舞台化をほぼ同時展開するのは珍しいことではない。そして、そこに二次創作、ＳＮＳでの発信、イベントの参加などを通じて、コンテンツに積極的に関与するファンの存在は非常に大きい。二・五次元舞台を支えているのは、そうしたファンたちであり、ファンの文化実践である。こうした「参加型文化」が、二・五次元舞台には顕著である。

　しかし、二〇二〇年初頭頃から日本で拡大し始めた新型コロナウイルス感染症（以下、コロナと表記）によって、これまで隆盛を極めた二・五次元舞台をはじめ、エンターテイメント業界は苦境に立たされ、同年四月の緊急事態宣言によって休演・中止に追い込まれた。二〇二一年五月には、通算三度目の緊急事態宣言が東京、大阪、兵庫、京都に発出され、二・五次元舞台は再び休演、中止措置を取らざるをえなくなっている。本稿では、二〇二〇年以前と以後の二・五次元舞台の状況とファンの実践を可能な限り記録、考察する。また、特にコロナ禍に上演された大人気のゲーム「刀剣乱舞―ONLINE―」（二〇一五年―）を舞台化した「舞台『刀剣乱舞』」シリーズ（二〇一六年―）の、第八作目である「科白劇《かはくげき》舞台『刀剣乱舞／灯《ともしび》』綺伝いくさ世の徒花 改変《あらため》いくさ世《よ》の徒花《あだばな》の記憶」（二〇二〇年）を中心に、コロナ禍での演出とファン活動の変化をとりあげ、ウィズ・コロナ時代の二・五次元舞台の展望を論じる。

一　二・五次元舞台の特徴とファンの動向

二・五次元舞台の特徴は、主にアニメ、マンガ、ゲーム文化、アイドル文化、演劇文化の要素を兼ねそなえていることである。原作・原案がアニメ、マンガ、ゲームであるので、第一義的には原作ファンが主なターゲット観客となる。そうしたアニメ、マンガ、ゲームファンは往々にして好きな作品やキャラクターの舞台化ということで、劇場に足を運ぶことが多い。また、アニメ、マンガ、ゲーム文化には、キャラクターのイラストやロゴをあしらったマーチャンダイズ（グッズ）が盛んである。ファンは作品本体（マンガ単行本、ＤＶＤ／ＢＤ、ゲームソフトなど）を複数購入するだけでなく、好きなキャラクターのグッズも集めるなど、コレクターが多いことも特徴的である。

こうした特徴は、アイドル文化でもしばしばみられる。例えば、好きなアイドルのＣＤやグッズを複数購入したり、全国ツアーのコンサートがあれば、すべての会場のチケットを購入したりするような熱烈なファンも多い。こうしたアイドル文化が、二・五次元舞台の俳優に対しても観察することができる。二・五次元舞台の原作・原案は、少年／少女向けマンガ、アニメ、ゲームが多いため、主要登場人物はしばしば年少者に設定される。二・五次元舞台は、ビジュアルの再現性が前景化される傾向にあるので、演じる役者もキャラクターの設定年齢に近い若い俳優が多くなる。彼／彼女らは「二・五次元俳優」[5]と呼ばれ、アイドルのように追っかけるファンが数千万人存在するのだ。こうした〝キャスト推し〟と呼ばれるファンは、元々アニメ、マンガ、ゲームなどのファンから出発した人もおり、自分の好きなキャラクター（推し）を演じていた二・五次元俳優を好きになり、彼／彼女の出ている二・五次元舞台以外の舞台（ファンの間では「ストレート」と呼ばれる）も観劇するという傾向がある。(6) これは、アニメ、マンガ、ゲームの〝キャラクター推し〟のファンが、キャラクターだけに注目したいため、演じている俳優のことはあまり知りたくないと思うのと対照的である。

また二・五次元舞台は、演劇文化も内包している。様々なバックグラウンドをもつ俳優、演出家、脚本家、振付師、作詞・作曲家などが入り混じって化学反応を起こし、様々な新しい演出方法が生まれている。たとえば、ミュージカル『テニスの王子様』（二〇〇三年―）の振付、総合演出で有名な上島雪夫は、劇団四季出身の俳優で、宝塚歌劇団にも振付を提供していた経歴をもつ。また、斬新な演出手法で話題を呼んだ舞台『弱虫ペダル』（二〇一二年―）の演出家西田シャトナーは、劇団「惑星ピスタチオ」（一九九〇―二〇〇〇年）出身である。舞台『文豪ストレイドッグス』（二〇一七年―）や舞台『黒子のバスケ』（二〇一七―一九年）を手掛けた演出家中屋敷法仁は、劇団「柿喰う客」の代表であるし、彼は演出家ウォーリー木下と組んだハイパープロジェクション演劇『ハイキュー!!』（二〇一五―二一年）では、脚本も手掛けている。

俳優に関しては、ミュージカル『美少女戦士セーラームーン』（二〇一三―一七年）では元宝塚トップスター大和悠河がタキシード仮面を演じ、オーディションで選ばれた若い女優がセーラー戦士を演じた。宝塚出身の女優たちは、二・五次元舞台にもその活躍の場をひろげているし、グランドミュージカル俳優も二・五次元舞台でキャストされるようになっている。ミュージカル『新テニスの王子様』（二〇二〇年―）の三船コーチ役岸祐二などは好例であろう。このように、様々なバックグラウンドをもつ役者、演出家、脚本家、振付師などがタッグを組むことで、二・五次元舞台は新しい演劇を模索するある種の〝実験場〟として機能しているといっても過言ではない。

しかも、二・五次元舞台では、二次元の虚構物語や架空のキャラクターを、（三次元の）俳優の身体によって具現化し、限りなく虚構に近い身体性をもつ「虚構的身体性(7)」が重視される。マンガ、アニメ、ゲームなどの架空のキャラクターは、ピンクや緑など多彩な髪色や奇抜な髪型、赤や金などの眼の色など、およそ現実離れした造形・色彩が多いが、それが例えば声優の声やアニメーションの動きなどで肉付けされることで、私たち受け手は「実在する」と認識（誤認）させられる。虚構的身体性とは、そうした虚構であるはずのキャラクターの実在性を偽装した身体性と、そのキャラクターを演じる俳優の現実感がないような外見（カラーコンタクト、ウィッグ、コスチュームなど）や所作による「虚構性の高い身体性(8)」のことを意味する。実在がない（と思われる）ものに実在性を持たせるには、「そこには存在しないが、しかし存在していると想像・妄想する」、という演じる側と観る側の共通了解が必要である。そうした演者と観客の一種の共犯関係は、そもそも想像力を駆使して、閉鎖空間である舞台を色々な場に「見立て」ることで成立する演劇であれば不自然なことではない。アニメ、マンガ、ゲームなど多メディアを縦横無尽に渡り歩くキャラクターの自律性も、（虚構であるはずの）キャラクターが存在すると信じるファンの認識の上に成り立っている。アイドル文化では、アイドルは三次元の身体（物理的な身体）を持っていながら（つまり、現実の人間でありながら）、ファンにとっては神に近い虚構的な存在だとファン自身が信じることで成立するものであろう。アイドルとは「偶像」なのだから。キャラクターという偶像、アイドル（俳優自身）という偶像という二重のフィルターをもつ二・五次元舞台では、その共犯関係はさらに重要かつ不可欠なものとなる。

では、二・五次元舞台のファンは、どのようにコンテンツに参加しているのだろうか。劇場内、ロビー・劇場外での活動を通じて考察してみよう。

（1）劇場内

劇場内では、通常舞台に向かって観客が座り、鑑賞する。観客は拍手をし、笑い、ため息をし、涙する。時には音楽や歌に合わせて、身体を微妙に揺することもあるかもしれない。そうした観客の態度はどの演劇にも見ることができるが、二・五次元舞台、とくにライブコンサートのようなパートがある場合（例えば、舞台『戦国BASARA』（二〇〇九年—）や、ミュージカル『刀剣乱舞』シリーズ（二〇一五年—）など）は、少し趣が異なる。舞台は二部制になっていて、第一部の本編の演劇パートでは、観客は無言でリアクションも控えめだ。しかし、第二部のライブパートでは、ペンライトや、アイドルのコンサートでよくみるような手作りのうちわ（「こっち向いて！」など、「ファンサ」（ファンサービス）をしてもらうための文言をデコレーションする）をふり、声援を送ることもしばしばだ。第二部では、観客の盛り上がりが不可欠となる。キャラクターとしてふるまいつつ俳優たちも、観客席に下りてきて(「客席降り」)、ハイタッチや視線を送る、目を合わせて手を振るなどのファンサを行う。二部制をとっていないものでも、例えばミュージカル『テニスの王子様』では、中学校のテニス部の対抗戦を中心に物語が進むが、各中学のチームにテーマ音楽がある。カーテンコールの際には、観客は役者とともに合唱し、出場チーム毎の手と腕を使った振付をし、盛り上がる。

キャラクター推しであれ、キャスト推しであれ、またその両方であれ、自分の推しが目の前に現れて存在感を認識することは、観客にとって無上の喜びである。ミュージカル『刀剣乱舞』では、その登場人物である「刀剣男士」たちが、実際にグループやソロとしてCDを出しており、二〇一八年年末のNHK紅白歌合戦にも出演するなど、「二・五次元舞台のキャラクターがアイドルとして行動している」という、正に二・五次元の劇場から他メディア(テレビなど)への浸食も起こっているのだ。[9](しかも、そのお約束事をたがえると、たちまち二・五次元の魔法がとけてしまうという大人の〝ごっこ遊び〟である。)

こうした観客の参加を本編に効果的に使ったのが、舞台『King of Prism』シリーズ(二〇一七年―)である。男性アイドルの卵たちのプリズムショー・バトル[10]が主軸のこの物語は、プリズムショーの場面で観客役を実際の観客に演じさせる演出をしている。上演前に、観客にはペンライトを振っていい場面では、合図(プラカード)が出る旨の説明があり、その場面では声援も許可されるが、それ以外の本編ではペンライトを消し、静かに観劇することが求められる。

また、劇場内の上演前、休憩時間、終演後に、熱心な観客たちはツイッターなどに感想や情報を投稿する。日ごとに変わるアドリブ（「日替わりネタ」）がある舞台（例：ミュージカル『テニスの王子様』、舞台『刀剣乱舞』など）では、そのネタをいち早くＳＮＳに流そうとするファンも多い。また、カーテンコールの挨拶、舞台上のハプニングなどをネタとして、他のファンと情報共有を行うのである。

（２）ロビーや劇場外

上述したように、二・五次元舞台は、マーチャンダイズ（グッズ）が盛んである。推しのグッズが売り切れになる前に購入しようと、連日グッズを求めるファンが長蛇の列を作ることも珍しくない（**図３－３**）。二・五次元舞台の典型的なグッズの一つが、「トレブロ」（トレーディングブロマイド）だ。不透明の袋に封入されており、中身がわからずに購入するので、「ランダム・グッズ」とも呼ばれる。熱心なファンは、自分の推しが当たるのを願って数枚、数十枚と購入する。しかし、お目当てが出ないと不要なトレブロが生じるので、それを他者とトレードする。このトレーディングという行為は、劇場でブロマイドやカード、シールなどが観劇記念として無料配布されていた頃から自然発生的に行われており、初期は劇場の出口付近で余剰グッズを手に立ち止ま

図 3-3　日本青年館ホールでグッズ販売に並ぶファンの長蛇の列

り、交換をするファンたちの光景が見られた。しかし、マーチャンダイズの品ぞろえが増加するにつれ、余剰グッズも増加した影響で、劇場外でアクリルのケースを広げて（「お店を広げる」）トレーディングする光景が日常化していった。お店を広げないまでも、SNSであらかじめ連絡を取り、余剰チケットやグッズをトレーディングしているファンも多くなっている。そうしたファンが劇場内でもトレーディングすることがあり、それが迷惑行為になる場合もあった。対策として、劇場・演目によってはは指定エリアを設定したり、劇場内でのトレーディングを禁止したり、あるいは黙認したりもしている。だが、そうした行為から、ファン同士のコミュニティが生まれ、同じまたは類似する推し（キャラクター、俳優、作品）を通じて仲良くなり、共に観劇、食事するなど交流が盛んになる場合が多くみられるのである。特に人気のある舞台は、チケットの抽選申し込みを有利にしようと、メールアカウントの貸し借りをするなど協働の必要性もあるため、ファン同士でつながることは理にかなった行為でもあるのだ。

二　新型コロナウイルス感染拡大による「不要不急」の衝撃

二〇二〇年三月十三日に成立した新型コロナウイルス対策の特別措置法に基づき、当時の内閣総理大臣安倍晋三は、四月七日に東京、神奈川、千葉、埼玉、大阪、兵庫、福岡の七都府県に緊急事態宣言（第一回）を発出し、十六日には対象を全国に拡大した。戦後初の全国規模の緊急事態宣言に、誰もが多かれ少なかれパニックとなり、学校は休校（遠隔授業）、店舗は休業、会社は可能な限り在宅勤務（テレワーク）になるなど経済・社会活動に大きな打撃を与えた。「新しい生活様式（ニューノーマル）」が提唱され、手洗い、手指消毒、人と一定の距離を保つ「ソーシャルディスタンス」、「三密（密閉・密集・密接）の回避」、「ステイホーム」など次々と新しい用語がマスコミを通じて飛び交った。医療機関への通院、食料・医薬品・生活必需品の買いだし、必要な職場への出勤、近所の散歩などを除く「不要不急」の外出の自粛が要請された。劇場をはじめ、コンサート会場、ライブハウス、映画館などすべてのエンターテインメントは、この「不要不急」とみなされ、閉鎖となった。この第一回緊急事態宣言に先立ち、政府は二〇二〇年二月二十六日以降の「大規模イベントの中止、延期」の要請を東京都内のイベント主催者に通達し、多くの公演やイベントが中止された。この自粛要請をうけ、演出家／劇作家／俳優の野田秀樹の呼びかけで急遽立ち上がったのが「緊急事態舞台芸術ネットワーク」である。設立目的は「公演の中止が相次いだ舞台芸術界の損害の実態を把握するため[11]」で、現在では政府の補助金情報や申請方法など、舞台芸術に対する救済手段の情報プラットフォームにもなっている。野田秀樹と東宝の常務取締役池田篤郎、劇団四季の代表取締役社長吉田智誉樹が代表世話人となり、ホリプロの代表取締役専務鈴木基之やネルケプランニング代表取締役会長の松田誠も世話人に名を連ねている。実際、二〇一九年度には六二九五億円だったエンターテインメント市場は、二〇二〇年に入り失速した。ぴあ総研の二〇二〇年十月の試算では、前年度の八割減とされた[12]。

劇場・コンサートホールが多い東京に限定すると第一回緊急事態宣言は、五月二十五日まで続いた。

第二回目は、二〇二一年一月八日―三月二十一日で、チケット販売済の公演以外は中止が要請された。第三回目は、同年四月二十五日―五月十一日の予定がさらに延長され、五月三十一日までとなっている。この第三回目の緊急事態宣言発出までの数日間、東京都からの正式な決定が遅れ、大きな混乱があったようである。(13) 第一回目は公演、イベントが全面中止となったが、宣言解除後は規制が緩和され、第二回目の宣言解除後は、経過措置として四月十一日まで会場の収容人数を五〇パーセント以内、または五〇〇〇人のいずれか大きい方の開催は可能となった。感染状況によって、緩和の範囲が度々変更された。第三回目の宣言時である二〇二一年五月十一日までは、イベントは「社会生活の維持に必要なものを除き、原則として、無観客での開催(14)」を要請されたが、同時配信予定がなかった公演の急な無観客開催への変更は難しく、経済的損失は計り知れない。しかも、パフォーマンスの一画を担う観客の不在は、演劇を成立させる意味において重大な痛手であろう。十二日以降は規制が緩和され、五〇〇〇人以下、かつ収容人数の半分という規制の下、上演が許可された。

（1）第一回緊急事態宣言中の取り組み――クラウドファンディング「シアターコンプレックス」

二・五次元舞台をはじめとする舞台上演がすべて中止となった第一回緊急事態宣言中、多くの二・五次元舞台などを手掛けてきた株式会社ネルケプランニングの代表取締役会長であり、一般社団法人二・五次元ミュージカル協会の代表理事である演劇プロデューサー松田誠が発起人となり、舞台専門プラットフォーム事業「シアターコンプレックス」のクラウドファンディングが二〇二〇年五月一日―六月七日まで行われた。「舞台を救え」をスローガンとして、舞台の火を消さないためにオンライン・プラットフォームを作ろうとするプロジェクトである。その目標は、「既存の舞台公演の動画コンテンツ、今後上演される舞台公演のライブ動画コンテンツ、『シアターコンプレックス』オリジナル動画コンテンツ[15]」を配信することであった。しかし、最初からすべてが決まっていたわけではなく、「役者やスタッフの雇用を守り、創出するために何かしないといられなかった」というのが内実で、まずは走り出してから詳細を考えようという意図だったようだ[16]。実際、松田は毎回一名の俳優や演出家などをゲストに招きビデオチャットサービス「Zoom（ズーム）」を利用したオンライントークを期間中毎日行い、フリートークの中で、「シアターコンプレックス」が実現した際の企画を募っていた。同時に「シアターコンプレックス」のクラウドファンディングページ上のチャット機能などで、支援者からもアイデアを募った。

このクラウドファンディングは一口二五〇〇円から二〇万円までのコースがあり、特典グッズ付きのコースのみで開始されたが、途中で「特典グッズなしコース」の要望が支援者から届き、特典なしコースも急遽追加された。グッズに使う資金も運営に回してほしいという支援者の願いが実現した形であった。終了期日を待たずに目標額一億円の資金が集まり、最終的に一億六二八八万二五〇〇円となったことで、無事同年七月七日から「シアターコンプレックス」が配信開始となった。SVOD月額使用料は、七〇〇円（二〇二一年五月現在）で、他にTVODも可能である。アーカイブ配信、上演中作品の千秋楽配信など、ラインナップのバラエティも増え続けている。

クラウドファンディング期間中、支援者からのアイデアなどを通じて実現したオリジナルコンテンツも配信された。その一つが、幼稚園での読み聞かせにヒントを得た絵本の朗読劇「え・ほ・ん・げ・き」（佐藤二朗主演、堤幸彦他演出）[17]である。また、二・五次元舞台関係のオリジナルコンテンツも作成された。たとえば、イケメン役者育成ゲーム『A3!』（二〇一七年―）を原案とした舞台「MANKAI STAGE『A3!』」（二〇一八年―。通称「エーステ」）のキャラクター二人が旗揚げ公演の台本読み合わせをするという体の「MANKAI STAGE『A3!』ほぼ、毎日エーステ　読み合わせ」シリーズ（二〇二〇年）や、「エーステ」のキャストが（キャラクターから離れて）カレーをつくる「ほぼ、毎日エーステ　みんなでカレーを食べよう」シリーズ（二〇二〇年）などが約十五分作品として配信され、アーカイブ視聴は現在でも可能である。他にもキングレコードが手掛ける音楽原作キャラクターラッププロジェクト「ヒプノシスマイク」（二〇一七年―）の舞台化『ヒプノシスマイク―Division Rap Battle―』Rule the Stage」（二〇一九年―）のダンスレッスンコンテンツ[18]（二〇二〇年）など、舞台上演が禁止されていた期間に作られた作品も多い。上演が許可されてからも、オリジナルコンテンツ、アーカイブ配信、オンラインイベント、そして今や常識となった千秋楽配信などのプラットフォームとして、「シアターコンプレックス」は演劇の新たな地平を開拓している。ＤＶＤなどの映像パッケージ化が難しい舞台でも、このプラットフォームにアーカイブ資料として蓄積されることは、文化的にも学術的にも非常に価値のある試みといえよう。

（2）第一回緊急事態宣言解除後の取り組み――舞台『刀剣乱舞』、『最遊記歌劇伝』

大ヒットを続けていた舞台『刀剣乱舞』（通称「刀ステ」）シリーズの第八作「綺伝《きでん》　いくさ世《よ》の徒花《あだばな》」も、二〇二〇年六月―八月に全国各地で上演予定だったが、急遽中止が発表された。歴史上の人物キャストも含め、男性のみで構成されていた刀ステシリーズで、初めて女性キャラクター細川ガラシャ（演じたのは元宝塚の男役・七海ひろき）が出演するということでも話題を集めていた作品だった。しかし、出演者の感染対策を優先し、ソーシャルディスタンスを維持した作品に大幅に作り直して、七月十六日―八月九日まで東京で上演された。通常上演と異なり、観客は感染対策として検温、手指消毒、マスクの着用が義務付けられ、会場での会話も極力しないよう協力が求められた。なお、元々上演予定だったこの「綺伝」は、二〇二二年に上演予定である。

新編成されたその作品は、「科白劇《かはくげき》　舞台《ぶたい》『刀剣乱舞《とうけんらんぶ》／灯《ともしび》』綺伝《きでん》いくさ世《よ》の徒花《あだばな》　改変《あらため》いくさ世《よ》の徒花《あだばな》の記憶《きおく》」[19]というタイトルからも想像できるように、セリフを主軸とした演劇である。物語は、歌仙兼定（和田琢磨）ら刀剣男士が別の本丸の戦績資料を自分たちの戦闘の参考になればと読み始めることで始まる。歴史改変された世界でお家取りつぶしになりボロボロの着物に身をやつした細川忠興（早乙女じょうじ）の情報によって、彼の正妻細川ガラシャが願った「神の国」をキリシタン大名の大友宗麟（三浦浩一）や黒田孝高《よしたか》[20]（山浦徹）が中心となって支配していることがわかる。その状況を調べ、歴史を正しい方向へ戻そうと、細川家にゆかりのある刀である歌仙、山姥切長義《やまんばぎりちょうぎ》（梅津瑞樹）、にっかり青江（佐野真白）、亀甲貞宗《きっこうさだむね》（松井勇歩）、獅子王（伊崎龍次郎）、篭手切江《こてぎりごう》（大見拓土）、古今伝授の太刀（塚本凌生）、地蔵行平（星元裕月）ら刀剣男士が慶長熊本で活躍する。物語は細川家ゆかりの刀たちとの交流を交えながら、父明智光秀の謀反によって苦しみ、キリシタンとなった細川ガラシャと嫉妬深いとされている夫忠興の愛憎が重要なテーマとなっている。

通常の刀ステと大きく異なるのは、アクションシーンや場面展開などキャスト同士が接近できないまたは、演じられないシーンを講談（説明）する「講談師」（神田山緑）を配したことだ。また、通常はアンサンブル（役名のないキャストを演じる役者のこと。複数の役を演じることが多い）が行う、刀剣男士の敵である時間遡行軍の襲撃シーンなどは映像を後部スクリーンに映し出すことで表現された。キャストたちはみな透明なマスクをし、演技に臨んだ。講談師は物語の外部に位置し、「お客様にはマスクも見えないことでしょう」と説明したり、物語内時間で舞台上接近しそうになる登場人物たちに「ソーシャルディスタンスですぞ」と諫めたりして、ベタ（真面目な本編＝物語内時間）とネタ（現実社会の状況＝物語外時間）を巧妙につなぐ役割もしている。一旦中止とされた作品を、飛沫拡散防止やソーシャルディスタンスの維持をしながら、キャストや観客にとって「安全な」形でステージングされたこの科白劇は、コロナ時代に苦肉の策として生まれた。刀ステの見せ場の一つである殺陣のシーンもキャスト同士の接近防止のために一人による型と講談師の講談で表現された。だが、結果として改編された世界を俯瞰して、その戦績記録から人々の記憶をたどるという、幾重にもフィルター化された時間を行きつ戻りつすることで、過去の出来事の合わせ鏡としての現在における人間の普遍的な愛を描いた唯一無二の傑作になったといえる。

コロナの正体が徐々に明らかになり、感染対策が日常化しはじめた二〇二〇年後半には、舞台もコロナ対策を最優先にした上演がなされた。まず、座席は左右一つあけて配席する対策が取られた。舞台興行はチケット代×座席数で利益が計算されるため、上演一回につき満席でも通常の半分しか収益が得られないのは大打撃であった。第三回緊急事態宣言以前は、座席間隔を開けずに配席できるようになっていたが、舞台から二メートル距離をとるということで最前列と二列目は飛沫防止のために空席にする対策が取られていた。

筆者が観劇した、二〇二一年二月に品川プリンスホテル・ステラボールで上演された『最遊記歌劇伝―Sunrise―』を例に感染対策の詳細を見てみよう。これは、峰倉かずやの同名マンガ（一九九七年―）の音楽劇『最遊記歌劇伝』シリーズ（二〇一四年―）の最新作である。まず、チケットを購入した観客は観劇日時と座席番号、連絡先を『最遊記歌劇伝』の公式ホームページに登録する。これは、万一クラスターが発生した場合、主催者が保健所に情報提供するためである。観劇当日、観客はまず約一メートルの距離で貼られたテープにそって、劇場外に並ぶ（図3‐4）。スタッフの指示の下、約二十名ずつ入場する。入口前ではフェイスシールドにマスク、手袋をしたスタッフが、非接触体温計で一人一人検温する。この時点で三七・五度以上あった場合は、入場不可となる。そして入口付近には消毒液がおいてあり、観客は手指消毒を行う。入口でスタッフにチケットを見せ、接触をさけるため半券を自分で切り取り、指定の箱に入れる。座席は左右をあけない通常配席で、観劇日はほぼ満席であった。興味深かったのは、多くの舞台では、演者は透明マスクタイプの口を覆うフェイスシールド、観客はマスクのみという対策がとられているが、この舞台では、マスクに加え、観客全員にフェイスシールドが配布され、着用が義務化されたことだ。舞台に近い座席に座った観客のみフェイスシールドを着用させる舞台もあるが、二階席の観客含め全員にフェイスシールドを着用させる舞台は、筆者にとって初めての体験であった。会話も制限されており、休憩時間中スタッフは無言で私語厳禁のお願いを書いたプラカードを掲げていた。退場時、使用済みフェイスシールドはゴミ箱ではなく、出口付近のスタッフが広げる専用のビニール袋に観客が自分で捨てるという徹底ぶりだった。かなり感染対策にコストをかけていたことがうかがえる。

　前述したように二・五次元舞台では、グッズ販売に多くのファンが長蛇の列を作るが、コロナ対策

図 3-4　品川ステラボール前で入場を待つ観客の列

<お願い>
ご着用になりましたフェイスシールドは、終演後お出口で係員が回収いたします。備え付けのゴミ箱にはお捨てにならないよう、ご協力お願いいたします。
2階席
終演後のグッズ販売はございません
会場内・外スペースの都合により、今回はトレーディングスペースがございません
予めご了承ください。

図 3-5　品川ステラボール劇場内に貼られた注意書き

として『最遊記歌劇伝―Sunrise―』では、ロビーでは公式パンフレット販売のみで、その他のグッズは通販で販売という形をとっていた。現在多くの二・五次元舞台のグッズ販売が通販のみに移行しており、グッズ購入のための長蛇の列は見られなくなっている。また、**図3-5**「トレーディングスペースはございません」に見るように、ファンの共同体形成として重要だった「トレーディング」は制限された。また、公演後にはパンフレット販売はなく、退場は順番にスタッフの指示の下に行われた（規制退場）。会場内では会話は制限され、会場外でも立ち止まらず、速やかに退出するようアナウンスがあった。興奮冷めやらぬうちに舞台の感想を劇場外で立ち話をするということもできなくなり、観客たちはそそくさと会場を離れ、遠い場所で集合したり、ＳＮＳ上で感想を交換し合ったりするしかなくなっている。

おわりに――ウィズ・コロナ時代の二・五次元舞台

一年を超えるコロナ対策の経験を経て、二・五次元舞台の演出やファンの交流の風景は様変わりした。客席部を使用する演出はなくなり、観客とキャストとの距離の近さで好評だった「客席降り」やハイタッチなども見られなくなった。ライブコンサートパートでの、観客の発声は禁じられ、無言でペンライトを振ることが求められた。カーテンコールのアンコールも控えめとなり、アンコールの拍手が鳴りやまず、観客がなかなか退場しないという光景はなくなり、いまや規制退場によって順番を守って迅速に退場することが求められている。アンコールの最中にグッズを買いに走るファンの光景も、見られなくなった。劇場外でも、ファンの物理的交流はほぼ見られず、出口付近の滞留は、スタッフによって注意されることも多い。もちろん、キャストの「入り待ち」「出待ち」「追いかけ」なども禁止である。こうした中、ファンは配信サービスを最大限活用し、SNSなどで感想を投稿しあい、感動を共有している。

興行方法にも変化が生じている。チケット購入時には、コロナ対策のための長い注意書きにチェックを入れる形で同意しなければならない（**図3-6**）。チケットの半券に氏名と連絡先を記入させる演目もある。細心のコロナ感染対策を行っている結果、少なくとも二〇二一年五月現在までに、二・五次元舞台上演の劇場でクラスターは発生していない。

しかし、PCR検査で出演者やスタッフにコロナの陽性反応がでたり、緊急事態宣言が発出されるたびに公演が中止され、チケットの払い戻しが行われた。公演続行を決めても、県を跨いでの移動自粛要請時などコロナ感染に不安のある観客には払い戻しに応じるケースもあった。その中で興味深い事例は、「舞台『幽☆遊☆白☆書』其の二」（二〇二〇年十二月四日―十二月三十日東京、大阪、京都）である。原作は、冨樫義博の同名少年マンガ（一九九〇―九四年）で、テレビアニメ（一九九二―九七年）もヒットし、初舞台化となる舞台『幽☆遊☆白☆書』も成功した。その続編とあって、話題を呼んだ舞台であったが、コロナ感染拡大が深刻化していたため（公演終了後約一週間後の二〇二一年一月八日から第二回目の緊急事態宣言発出）、配信振替対応を始めたのである。来場ができない

舞台 刀剣乱舞　トップ　感染症拡大防止に関する取り組み　あらすじ　公演・チケット情報　キャスト・スタッフ　グッズ　Q&A　映像関係　ライブビューイング　夏の陣

＜新型コロナウイルス感染拡大防止に関しての取り組みとお客様へのお願い＞

本公演は、公益社団法人 全国公立文化施設協会の「劇場、音楽堂等における新型コロナウイルス感染拡大予防ガイドライン改定版」（9月18日版）及び、緊急事態舞台芸術ネットワークの「舞台芸術公演における新型コロナウイルス感染予防対策ガイドライン」（12月2日版）、政府および各自治体のガイドラインに基づきご来場のお客様と公演関係者の安全と安心を確保することに努めて参ります。
ご来場のお客様におかれましても、ご不便をおかけする場面もございますが、事前に下記の注意事項を必ずお読みいただき、ご理解・ご協力のほど、何卒お願いいたします。
※下記内容につきましては状況により追加及び変更の可能性がございます。最新情報は公式HPをご確認ください。

◆本公演では以下の取り組みを行なってまいります。
・稽古期間から公演期間終了まで、公演関係者へ感染予防対策を周知し、徹底いたします。
・出演者・スタッフなどすべての公演関係者は、毎日の検温・手洗い・うがい・消毒を徹底いたします。
・公演関係者の食事の際も食事場所や時間が密にならないよういたします。
・楽屋内に関しましても定期的な換気、ソーシャルディスタンスの確保を徹底いたします。
・公演関係者に感染が疑われる症状が出た場合は、直前であっても公演を中止させていただく可能性がございます。予めご了承ください。
・入場口にてサーモグラフィーや非接触型体温計を使用した検温を行います。検知結果によっては改めて体温測定の上、37.5度以上の方はご入場をお断りいたしますので、予めご了承下さい。尚、上記の理由でご観劇いただけない場合は、チケット代金の払い戻しの対応をさせていただきます。
・入場口付近にアルコール消毒液、靴裏消毒マットなどを設置いたします。お客様の手指・靴裏の消毒にご協力ください。アレルギー等のためアルコール等の使用に支障がある場合は、お近くのスタッフまでご相談ください。
・ロビースタッフは、マスク、フェイスシールド、手袋を着用いたします。
・チケット窓口・グッズ販売窓口にはアクリル板等を設置いたします。
・客席の手すり・肘掛けなど、多くのお客様が触れる場所は、適宜消毒いたします。
・舞台の1番手前から最前列のお客様との距離は2m空けております。
・上演中は、お客様ならびにキャスト・スタッフの安全のため、出演者に関しましてはマスク（透明マスク）を着用させていただきます。
・劇場（IHIステージアラウンド東京）は、大きな空間に対応する換気システムを導入しており、法令で定められた必要換気量（一人あたり毎時30㎥）を満たす、十分な換気能力を有しています。その為、上演中の客席扉は全て閉めさせていただきます。
また、開場中・終演後のドアの開放や扇風機等を使用して建物や施設内の定期的な換気に努めます。

◆ご来場のお客様へのご協力のお願い
①チケットお申し込み時にご入力いただく氏名・緊急連絡先等の情報は保管され、ご来場者様から感染者の発生が疑われた場合など、必要に応じて保健所などの公的機関へ提供させていただく可能性がございます。既に情報をご登録済みのお客様におかれましては、正しい情報でご登録されていることを必ずご確認ください。
②ご購入いただいたチケットに記載された座席のブロック・列・番号や座席位置が、会場ホームページ等で公開されているものとは異なる可能性がございます。実際の座席の位置等は、公演当日に会場にてご確認ください。（事前にお問い合わせいただきましてもお答え出来かねますので、ご了承ください）
③ご来場前、ご自身での検温をお願いいたします。
37.5度以上発熱がある場合、もしくは平熱よりも明らかに高い（平熱より1℃以上高い）場合にはご来場をお控えください。
④体調が優れないなど、下記の条件に該当するお客様につきましては、ご来場をお控えください。
・ご来場時、37.5度以上発熱がある場合。
・極端な咳、呼吸困難、全身の倦怠感、咽頭痛、鼻汁・鼻閉、味覚・嗅覚障害、関節・筋肉痛、下痢、嘔気・嘔吐 等の症状がある場合。
・新型コロナウイルス感染症陽性とされた方との濃厚接触がある場合。
・過去2週間以内に、政府から入国制限、入国後の観察期間を必要とされている国・地域への訪問歴及び当該在住者との濃厚接触がある場合。
参考：厚生労働省：水際対策の抜本的強化に関するQ&A
https://www.mhlw.go.jp/stf/seisakunitsuite/bunya/kenkou_iryou/covid19_qa_kanrenkigyou_00001.html
⑤政府からの要請により、万が一新型コロナウイルスに感染された方がご観劇された場合に、同一公演へご来場のお客様へ確実に連絡が取れるよう、下記サイトより必要事項のご登録をお願いいたします。
ご登録いただきました個人情報は、必要に応じて保健所等の公的機関へ提供を行う場合がございます。

ご登録フォームは、ご観劇の当日中までにご入力をお願いいたします。
【舞台『刀剣乱舞』天伝 蒼空の兵 -大坂冬の陣- ご来場者様登録フォーム】
https://s.cnz.jp/sv/m4wr/mTeNTrPH

図 3-6　舞台「刀剣乱舞」お客様へのお願い

公演チケット購入者が、公式ホームページの指定箇所に登録すると、千秋楽の前日である十二月二十九日十八時の京都公演が観られる配信専用のリンクが送付される。この特別配信では七台のカメラのスイッチング映像が流れた。見逃し配信も二〇二一年一月一日まで公開された。(21) 通常、公演の同時配信チケットは、本公演よりも価格が安く設定されている。したがって、その公平さを担保するため、アーカイブ配信の権利と公演パンフレットの郵送を付加価値として設定する対応をとった。払い戻しをすると手数料がかかり、それは主催者が負担する。したがって、払い戻しをせずに配信と付加価値をつけたこの対応は、ウィズ・コロナ時代の緊急事態対応策として注目すべきであろう。

コロナ禍においても、二・五次元舞台の参加型文化を持続させていくためには、劇場で物理的に交流できないファンとキャスト、そしてファン同士の交流を色々な形で保証する必要があるだろう。SNSや配信だけでは、もどかしさを感じるファンも多い。俳優たちも「YouTube」などに配信専用チャンネルを作るなど、ファンたちとの絆をつなぐ手段を講じている。また、二・五次元俳優たちが出演する視聴者参加型の配信番組なども作られている。

コロナの終息には時間がかかるという予測の中で、参加型文化としての二・五次元舞台は演出方法を変えつつ、安心安全な観劇のために進化している。俳優、スタッフ、そしてファンたちは、様々な模索を試み、ウィズ・コロナ時代を乗り切ろうと日々努力している。ワクチン接種による集団免疫が成立し、規制が完全になくなり自由な観劇が可能になった時、どのように二・五次元舞台が進化しているか、今後も注目していきたい。

注

（1）一般社団法人二・五次元ミュージカル協会、「一般社団法人二・五次元ミュージカル協会パンフレット」、二〇一九年〈https://www.j25musical.jp/user/img/download/J2.5D_pamphlet.pdf　最終閲覧日二〇二一年四月一日〉。

（2）ぴあ総研「二・五次元ミュージカル市場の推移二〇〇〇―二〇一八年」、二〇一九年〈https://corporate.pia.jp/news/files/%E3%80%90%E3%81%B4%E3%81%82%E7%B7%8F%E7%A0%94%E3%80%912.5%E6%AC%A1%E5%85%83%E3%83%9F%E3%83%A5%E3%83%BC%E3%82%B8%E3%82%AB%E3%83%AB%E5%B8%82%E5%A0%B4%202000_2018%E5%B9%B4%E6%8E%A8%E7%A7%BB.pdf　最終閲覧日二〇二一年四月十日〉。

（3）須川亜紀子『二・五次元文化論――舞台・キャラクター・ファンダム』青弓社、二〇二一年、四八―四九ページ。

（4）ヘンリー・ジェンキンズ『コンバージェンス・カルチャー――ファンとメディアが作る参加型文化』渡部宏樹ほか訳、晶文社、二〇二一年、二四ページ。

（5）ただし、「二・五次元俳優」は男性俳優を指すことが多い。

（6）本来ストレート（プレイ）とは台詞劇のことを指し、ミュージカル（音楽劇）と区別する用語であるが、二・五次元舞台ファンの間では、「二・五次元舞台」以外の舞台は、「ストレート（プレイ）」としばしば呼称される。

（7）須川、同掲書、七四ページ。

（8）須川、同掲書、七四ページ。

（9）刀剣男士たちは、音楽番組に出演しても、キャラクターとして振る舞う。したがって、俳優自身の個性を公共に露出せず、「〇〇を演じてどう思っていますか？」のような演者としての質問をさせないというお約束事が成立している。

（10）プリズムショーとは、物語世界の中で歌と踊りを繰り広げるショーの名称で、主人公たちはプリズムスタァを目指して、バトルを繰り広げる。

（11）「団体情報」、「緊急事態舞台芸術ネットワーク」ホームページ〈https://www.jpasn.net/index.html#cont86　最終閲覧日二〇二一年四月二十八日〉。

(12) ぴあ「二〇二〇年のライブ・エンタテインメント市場は、対前年約八割減に。ぴあ総研が試算値を下方修正」、二〇二〇年十月二十七日〈https://corporate.pia.jp/news/detail_live_enta_20201027.html　最終閲覧日二〇二一年四月二十日〉。

(13) 伊藤達哉「緊急事態宣言、演劇界は東京都の「怠慢」に振り回された―根拠示されぬ「中止要請」と向き合いながら」、『論座』二〇二一年四月三十日〈https://webronza.asahi.com/culture/articles/2021042800009.html?page=5　最終閲覧日二〇二一年五月一日〉。

(14)「4月24日更新イベント制限開催などについて」、「東京都防災ホームページ」二〇二一年四月二十四日〈https://www.bousai.metro.tokyo.lg.jp/1009757/1009761.html　最終閲覧日二〇二一年五月一日〉。

(15)「舞台専門プラットフォーム「シアターコンプレックス」プロジェクト」〈https://fanbeats.jp/projects/31　最終閲覧日二〇二一年三月三十一日〉。

(16) 松田誠、NHK「ニュースウォッチ9」和久田麻由子によるインタビュー。二〇二〇年五月二十七日。

(17)「え・ほ・ん・げ・き」、佐藤二朗、堤幸彦他、「シアターコンプレックス」〈https://theater-complex.jp/movie/detail/864　最終閲覧日二〇二一年五月一日〉。

(18) たとえば、「『ヒプノシスマイク―Division Rap Battle―』Rule the Stage オリジナルプログラム　Division Dance Lesson アサクサ・ディビジョン」〈https://theater-complex.jp/movie/detail/931　最終閲覧日二〇二一年五月一日〉。

(19) 脚本・演出末満健一、音楽 manzo 伊真吾、アクション監督栗田政明。

(20) 豊臣秀吉の軍師だった通称黒田官兵衛のこと。

(21)「舞台『幽☆遊☆白☆書』其の二　配信振替対応について」、舞台『幽☆遊☆白☆書』其の二ホームページ〈https://officeendless.com/sp/yuhaku/　最終閲覧日二〇二〇年十二月十日〉。

* 本稿の一部は JSPS 科研費「「二・五次元文化」における参加型文化による嗜好共同体構築に関する研究」(課題番号 17K18459)の助成を受けたものです。

演劇界の取り組みと可能性

田中孝弥

一　清流劇場の活動

（1）清流劇場について

清流劇場[1]は一九九六年に設立した劇団で、主に大阪市内と兵庫県阪神地域の劇場を活動拠点とし、公演を行っている。今年（二〇二一年）で劇団創立二十五周年となる。設立時より現在に至るまで、田中孝弥が代表を務めている（二〇一九年、一般社団法人化）。

清流劇場は関西を活動拠点にしているが、二〇〇四年から二〇〇五年にかけて、代表・田中孝弥が文化庁在外派遣研修員としてドイツ・ベルリンへ留学した経験をきっかけに、海外公演・海外の演劇人との交流も積極的に行っている。二〇一〇年と二〇一二年には、韓国の演劇人を大阪へ招聘し、一カ月間の共同創作期間を経て、日本語と韓国語を併用した作品を上演している。また清流劇場も二〇一一年には、チュンチョン国際演劇祭に招聘され、韓国公演を実施。二〇一三年には、ビューヒナー国際演劇祭に招聘され、ドイツ公演を実施している。近年は、年二回の本公演を実施。秋に西洋演劇の原点とされるギリシア劇を上演し、春にドイツ語圏（ドイツ・スイス・オーストリア）の作品を上演している。

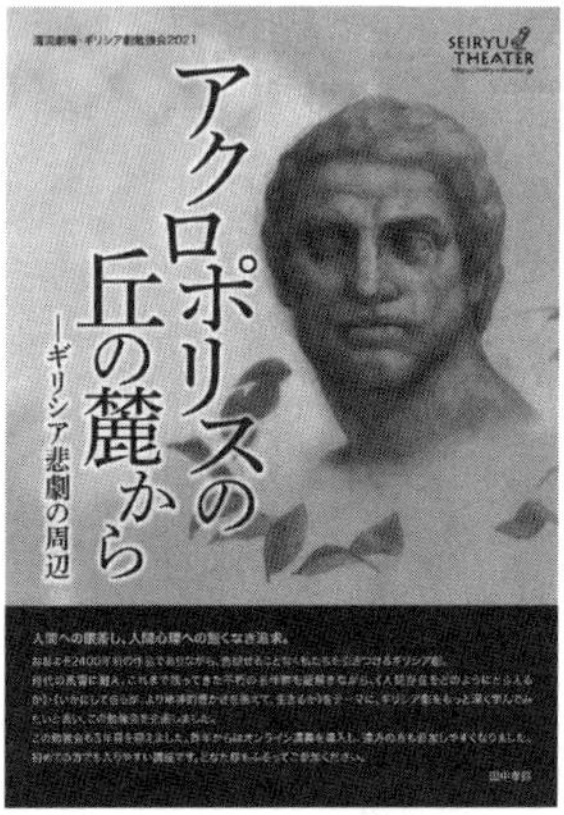

図 4-1　「ギリシア劇勉強会 2021」チラシ

また、公演活動以外に「ギリシア劇勉強会」を年に十回開催している（二〇二一年度は十二回開催予定）。この勉強会は丹下和彦先生（大阪市立大学名誉教授・古代ギリシア文学者）を講師に招き、演劇の実演家のみを対象とせず、広く市民に開かれた講座として実施している。このため、美術家や大学の研究者（心理学や文化人類学）、学生、社会人、一般市民など立場の異なる人たちが集う講座となっている。二〇二〇年は、新型コロナウイルス感染症の影響により、対面式の講座は実施せず、オンラインのみでの実施となった。しかし、勉強会そのものは大きな広がりを見せ、東京、名古屋、福岡などから受講する参加者が出てきている（**図４－１**）。

清流劇場はこれらの取り組みが評価され、二〇一九年、兵庫県芸術奨励賞を受賞した。また同年、代表を務める田中孝弥も尼崎市民芸術賞を受賞した。

（2）清流劇場公演の中止とその被害について

清流劇場は、二〇二〇年三月十一日―十五日（会場：一心寺シアター倶楽・大阪市天王寺区）に公演を予定していた（**別図4-1**）。上演予定演目は、ドイツのノーベル賞作家、ゲルハルト・ハウプトマン（一八六二―一九四六）の『織工たち[2]』であった。

あらすじを少し述べておこう。

時代は十九世紀半ば。舞台はシュレージエン地方（旧ドイツ東部・現ポーランド領）の田舎町。イギリスからの木綿輸入に加え、紡織機導入に圧迫され、さらに経営者の搾取にあって、当地の機織り産業の従事者・織工たちは惨めに暮らしている。どこの家も皆、ボロを身にまとい、腹を空かせて飢え死にする者が出るほど生活は困窮している。物語はこのような悲惨な暮らしを送る織工たちが、紡績業の機械化に反抗し一揆を起こす群衆劇。これは、一八四四年の夏、シュレージエンのオイレンゲビルゲ山中の織工たちが、紡績業の機械化に反抗し一揆を起こした史実に基づいて書かれたものだが、貧困にあえぐ庶民、彼らを律する宗教、収奪する工場の旦那衆、我慢しきれず立ち上がる民衆の姿がじつにリアルに描き出されている。

劇には特定の主人公は置かれず、全編を貫く筋も持たない。また、「織工たち＝善」・「経営者＝悪」という善悪二元論で世界を解釈する戯曲でもない。群衆劇という形を取りながら、各場面に立場の異なった人物が登場し、各々が世の中への思いを口にし、総合的に織工たちとその周辺の姿が一つとなって浮かび上がってくる。階級闘争を目的として描かれたのではなく、人間愛に裏打ちされた筆致で、「貧しき者と悩める者のために闘う人たち」を描き、わだかまりの解けた愛と和解の世界への憧れを暗示している作品である。

私たちは三月五日（公演初日の六日前）に公演中止を決断した。同日に、大阪市内で二つ目のクラスター（感染者集団）発生の報道があった。最初のクラスター発生箇所と同じ、ライブハウス。「音楽」というジャンルの違いはあっても、密室空間で上演される「演劇」も許容される状態ではなかった。会場となる一心寺シアター倶楽にも「本当に上演させる気なのか？」といった苦情の電話がかかっていた。万が一、清流劇場公演でクラスターを発生させてしまった場合、他の劇団・劇場へ与える影響も大きい。これ以上、公演に向けて活動を続けることは困難であった。

しかし、照明と音響の機材を設営していなかっただけで、舞台装置・衣装・小道具は全て製作済みだった。特にこの公演は十字架型の変形回り舞台だったため、いつもより少し早めに（三月二日）舞台装置を設営し、劇場での稽古を開始していた。チラシは勿論のこと、公演当日に配布予定のプログラムも印刷済み。キャンセル料を含めると、公演にかかる経費のおおよそ九割を支出した状況での公演中止となった。しかも、収入面においてはチケット料金の払い戻しもあり、大赤字を背負うことになった。今後の劇団活動継続に大きな不安を抱えることになった。

加えて、出演者についても懸念を抱いた。特に若手演劇人に対してである。この公演では、二十代前半の若手演劇人が三人出演していた。中には社会人になって初めて舞台に立つ予定の者もいた。若手演劇人は、仕事の融通が利きづらい「正社員」として働きながら演劇活動を継続することが難しく、大抵の者は「アルバイト」をしながら稽古場に通っている。収入も低く、生活を切り詰めながら、懸命に稽古してきた結果が公演中止。コロナ禍のため仕方がないと頭では理解できても、なかなか気持ちの整理が付かなかったのではないかと考える。後述するが、実際、このコロナ禍で若手演劇人の活動の場はかなり制限され、彼らは大きな痛手を負っている。今後も演劇活動を継続できるのか甚だ懸念される。

（3）劇団活動継続への道

この清流劇場公演は日本芸術文化振興会より助成金を交付される予定だった。助成金を受けられるのか心配だったが、公演中止の連絡を入れると、ねぎらいの言葉と共に助成金は満額支給される旨、回答をいただいた。赤字は大きく残るが、それでも当面の支払いができることは大きな救いであった。

清流劇場はもう一つ助成金を交付される予定だった。大阪市芸術活動振興事業助成金である。この助成金を担当する大阪市経済戦略局文化部文化課に、公演中止の連絡を入れると「助成金は一切支払えません。公演中止ということなので、助成事業の取り下げ書（正式名：大阪市芸術活動振興事業助成事業中止・廃止承認申請書）を送付してください」と、回答された。ただでさえ公演中止になったことで、マスコミ関係への通知やチケットの払い戻し連絡・送金作業、関係各所へのお詫びなどで業務が増えている最中、助成金を一切交付しないにもかかわらず、〈事業取り下げの承認を請う〉書類の提出を求めてくる文化課の姿勢に、さらなる追い打ちを掛けられた思いであった。しかし、推測するにどこかの芸術家（団体）から強いクレームか陳情が入ったのだろう。数週間後、文化課より一転して、「助成金を支払う。しかも補助率五〇パーセントではなく、一〇〇パーセントに引き上げる（助成金額を二倍にする）」と、連絡が入った。清流劇場は、これでまた少し返済が可能になった。

これと時を同じくして、手を差し伸べてくださったところがある。清流劇場の劇団事務所が兵庫県尼崎市にあることや、前年（二〇一九年）に兵庫県芸術奨励賞を受賞したこともあったのだろう、兵庫県の神戸文化支援基金から志縁金（敢えてこの漢字を当てている）の申し出をいただき、ありがたく頂戴することにした。

その上、清流劇場は幸運なことに、個人様からある日突然、現金を送っていただいた。「いつも応援しています。苦しいでしょうが、頑張ってください。また公演される日を楽しみにしています」とのメッセージ付きの寄付であった。当面は劇団活動も難しいかも知れないと折れかけていた気持ちを奮い立たせてくれるありがたい言葉であった。

公演中止で窮地に追い込まれた清流劇場であったが、このようにして助成金や支援の手を差し伸べていただいた。なんとか奇跡的に赤字を埋め合わせることができ、新型コロナウイルス感染症の収束が見えない現在においても、公演活動を継続できている。しかし、これはかなり恵まれた事例であり、多くの劇団は活動休止に追い込まれている。

二　日本演出者協会の取り組み

一般社団法人日本演出者協会[3]は、一九六〇年に設立された日本における唯一の専門的舞台演出家の協会で、全国に約六百人の会員がいる。私はこの協会の理事を務めていることもあり、コロナ禍が始まった二〇二〇年二月末以降の日本演出者協会の取り組みについて、少し紹介したい。

（1）二〇二〇年四月から五月の動き[4]

四月六日（月）「新型コロナウイルス感染拡大防止措置にともなう演劇活動への被害状況実態調査アンケート」を実施。

四月七日（火）　七都府県に緊急事態宣言。

四月十四日（火）　日本演出者協会・日本劇作家協会・日本劇団協議会の三団体で「文化芸術復興基金」設立に向けて、「演劇緊急支援プロジェクト」を始動。

四月十六日（木）　全都道府県に緊急事態宣言。

四月二十七日（月）　演劇緊急支援プロジェクト、「演劇は生きる力です」署名開始。要望書作成。

五月十四日（木）　全国公立文化施設協会が新型コロナウイルスの感染拡大で休業中の施設再開に向け、「感染拡大予防ガイドライン」を公表。緊急事態舞台芸術ネットワークに日本演出者協会も賛同団体として参加。

五月十六日（土）　映画「SAVE the CINEMA」、音楽「SaveOurSpace」、演劇「演劇緊急支援プロジェクト」が合流。「We Need Culture ～文化芸術復興基金をつくろう～」を始動。

五月二十一日（木）　日本芸術文化振興会が「文化芸術復興創造基金」を創設。


四月、「公演中止等演劇活動の被害状況について」のアンケートを取りまとめ、文化庁及び文科省へ提出する要望書の作成に着手。日本劇作家協会や日本劇団協議会とも連携し、「演劇緊急支援プロジェクト」として活動することになった。

五月には、映画・音楽業界団体（ミニシアターやライブハウス等の経営者で組織されている）とも業界の垣根を越えて連携し、「We Need Culture」として活動。日本芸術文化振興会へ復興基金設立を要望し、「文化芸術復興創造基金」の創設に至る。

これらの活動を通して、日本演出者協会では、特に支援の手が届きにくいフリーランスの演劇人や小劇団を組織する演劇人の経済支援・活動継続をサポートするため奔走した。

（2）アンケートから見えてくるもの

図4－2は、商業演劇などの興行に従事する演出家や演出助手（演出部スタッフ）の回答をまとめたものとなる。被害額が三十五万円以上と十万円未満の両極に別れているのは、演出料と演出助手料

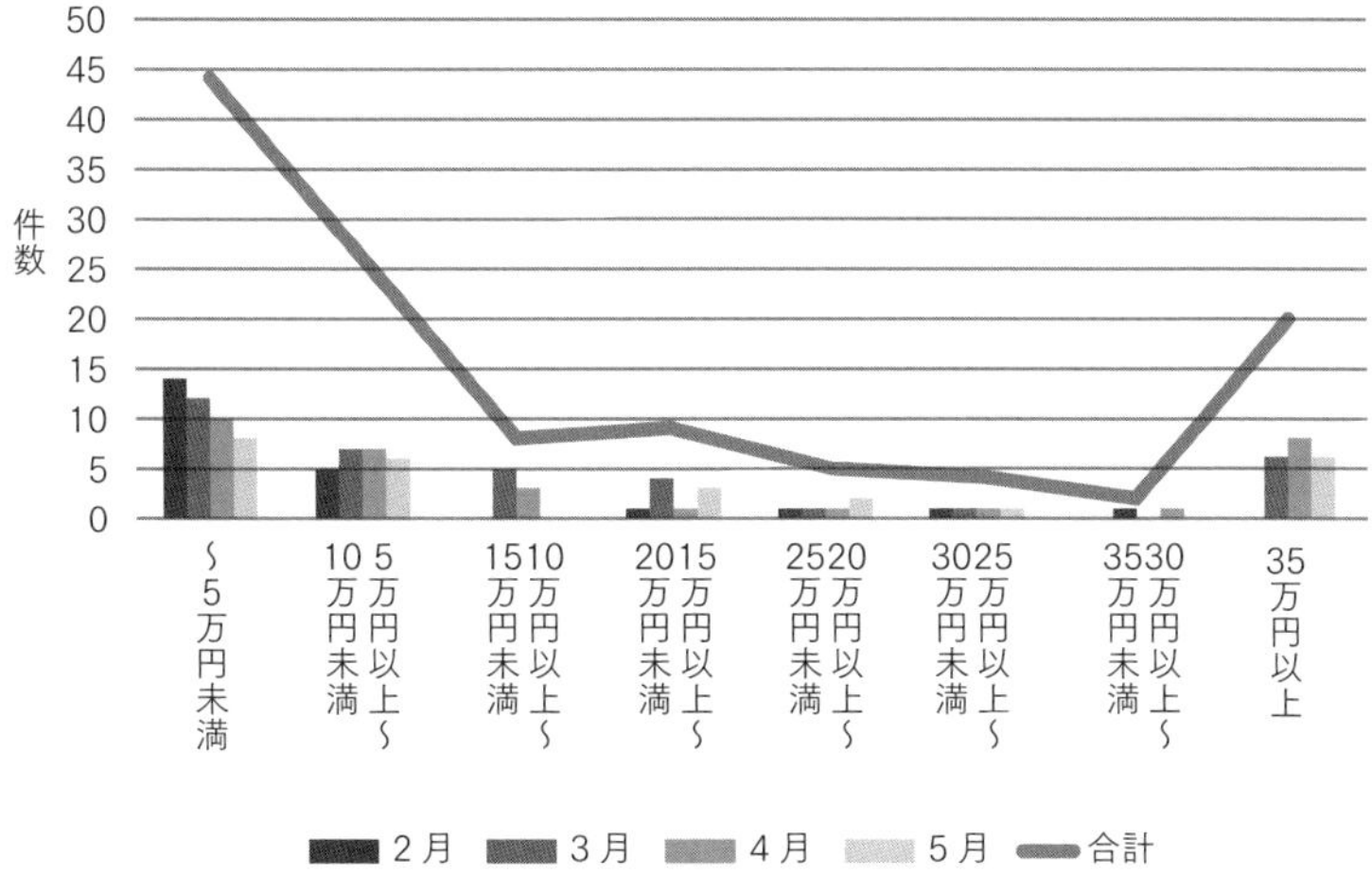

図 4-2 演出・演出助手で参加した公演のキャンセルに伴う経済的損失（日本演出者協会調べ）

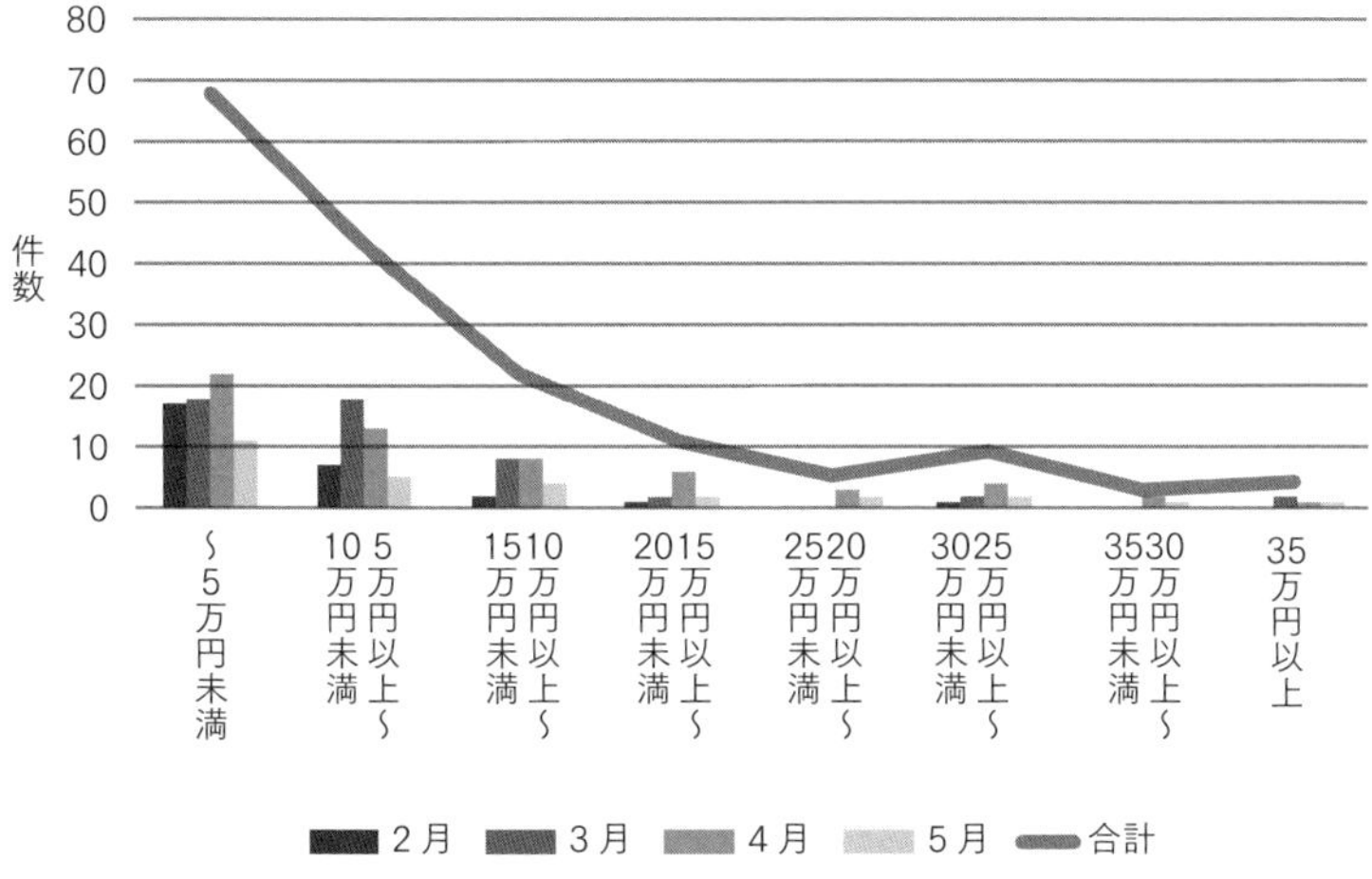

図 4-3 レッスン・講座のキャンセルに伴う経済的損失

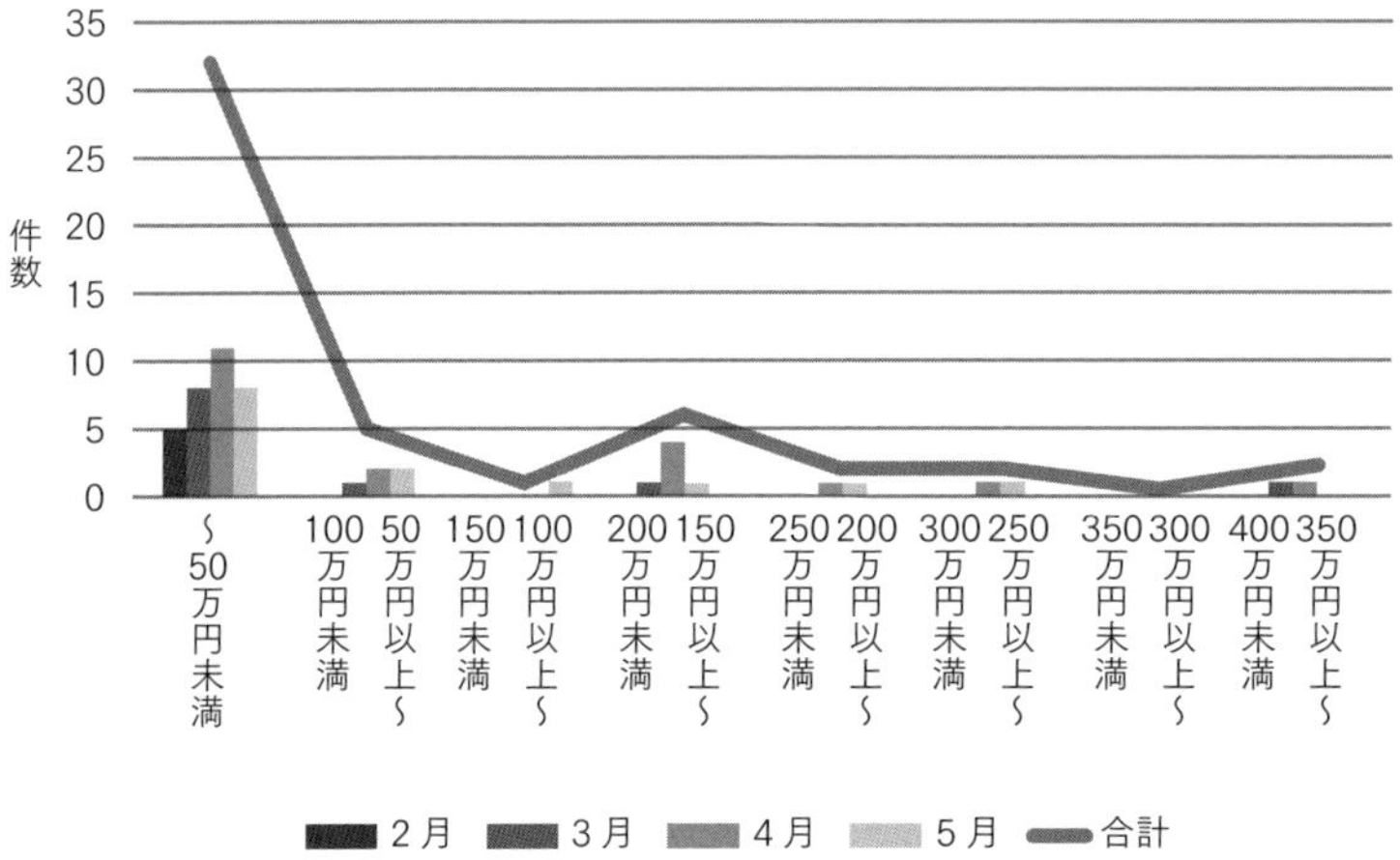

図 4-4　本人の主催公演のキャンセルに伴う経済的損失

とのギャランティーの違いが表れているものと考えられる。特に、十万円未満の損失を抱えた人（演出助手）は、質問した四カ月間全てにわたっていることに注目したい。少額であっても長期にわたって損失を抱えている。しかも、この先も商業演劇の興行が行われるかどうかはわからない。先行きの見えない中で、生活の基盤が大きく揺らいでいることが見えてくる。

図4-3は、養成所や演劇学校などで演技指導を行う演劇講師が対象となる。被害額が十五万円未満の人が多いのは、非常勤講師契約（週一―三コマ程度）の人の被害状況が表れているものと考えられる。アンケートを取った時点での、常勤講師は一定の給与が保証されているものと考えられる。いずれにせよ、雇用状況が不安定な非常勤の演劇講師にとっては、損害が少額であっても生活費に直結しているため、かなり厳しい状況に追い込ま

Q14. 演劇活動のキャンセルによる４月以降の生活について伺います		
1.	そのほかの収入でまかなう	40 件
2.	蓄えを取り崩して対応する	47 件
3.	蓄えやそのほかの収入では足りないので借金をする必要がある	16 件

図 4-5　アンケートの一部

れているものと考えられる。

図４－４は、私のように主催公演を予定していて、公演中止となった者が対象となる。被害額が五十万円未満と二百万円未満の層に多いのは、「劇団員が一定数在籍していて、損失を分担できる場合」と、「個人プロデュース等で主催者個人が損失を一手に引き受けなければならない場合」の違いがあると考えられる。

被害総額は、一般企業に比べると少額に思われるかもしれない。しかし、演劇業界の場合、演出家も俳優もそのギャランティーだけで生活している人はごく僅かである。何らかの別の収入を得ながら、演劇活動をしていく者がほとんどである。中でも、正社員で仕事をしている人よりもアルバイトをしながら生計を立てている人が多く、いわゆる低所得者層が多い。今回の公演中止によって、そもそも所得が低い状況の中からさらに損失が出てしまっているため、継続的な公演活動がこれまで以上に困難になっていると言える。

今後の生活について、どうしていくかを尋ねた（**図４－５**）。「その他の収入（多くは、アルバイト）でまかなう」と「蓄えを取り崩して対応する」という答えが大部分を占めていた。「蓄えを取り崩して」というのも、それほど普段からゆとりのある生活をしている人が多いとは考えにくい。実際には昨今の飲食店の時短要請に見られるように、アルバイト先の仕事が減って思うように働けないため、泣く泣く蓄えを取り崩しているものと考えられる。このように、低所得者層の多い演劇業界においては、コロナ禍による損失が少額に見えても、その多くの人が生活費ギリギリで暮らしているため、深刻な打撃を受けているものと考えられる。

（3）「やりたいから、やっているんでしょ？　頑張れるのでは？」という声に

演劇と関わりのない知人の中には「最初から苦労することは分かっていたはずだ。コロナ禍とはいえ、どうにかして活動を続けようとするのではないか？」と言った声も聞かれる。

これに対して、私はある問題意識を持って見ている。確かに演劇人も数多く存在するので、何が何でも活動を続けるという者も中にはいるだろう。また逆にコロナ禍が収束するまで活動しないという選択をする者もいるだろう。

それよりも問題は、「やりたいから、やっているんでしょ？」という声の内側に、「〈私たち一般人には関係ないけれど、あなたたちは演劇が好きで、勝手に〉やりたいから、やっているんでしょ？」という考えが入ってはいないか、ということだ。

演劇を含めた文化芸術は、人間の営みにおいて重要な役割を果たしている、という意識が市民の間に欠落しているのではないか？　もしそうならば、文化芸術に携わる者は公共的な役割を果たしてい

ることについて、言語化し、声を大にして説明する必要があるのではないかと考える。そうすることによって、この緊急事態においては、受けるべき公的援助を受け、来るべき時期にその役割を果たすべく準備すべきなのではないか、と考える。

（4）演劇緊急支援プロジェクトの動き

日本演出者協会が力を入れている「演劇緊急支援プロジェクト」では、次のことを実施している。

まず、二〇二〇年七月から開始された文化庁の「文化芸術活動の継続支援事業」の事務手続きが煩雑なため、申請者が利用しやすいようにその問題点を文化庁と共有し、解決を図っている。文化庁の「文化芸術活動の継続支援事業」[5]（事業予算：五〇九億円）とは、国内で活動する文化芸術関係者が、活動の再開・継続に向けた積極的な取り組みに要する費用の三分の二または四分の三を補助するもの。さらに、新型コロナウイルス感染拡大防止の取組を行う場合、五十万円を上限に補助する。（申請期間：二〇二〇年七月十日―十二月十一日／上限総額：百五十万円。）

そして、二〇二一年四月より始まる「ARTS for the future!」という支援事業は、公演実績の乏しい若手演劇人や小劇団には申請しづらい仕組みになっているため、フリーランスの演劇人も含め、中小若手劇団が公演活動していくにあたり支援対象となるように意見をまとめ、文化庁・芸術文化振興会・各省庁（特に財務省）へお願いと提言を行っている。

地方自治体の支援事業についても一例を紹介したい。「兵庫県中小企業事業再開支援事業」というものがあり、これは緊急事態宣言対象区域解除に伴い、社会経済活動を再開する中小法人・個人事業主を対象に、従業員の労働環境確保のために取り組む接触感染や飛沫感染防止にかかる経費に補助するもの。（申請期間：二〇二〇年六月三十日―九月三十日迄／補助金額：十万円・二十万円・四十万円。金額は区分によって異なる。）

なお、清流劇場はこれらの支援事業を利用して、空気清浄機・サーキュレーター・非接触式消毒液噴霧器・加湿器を稽古場に整備することができた。演劇の稽古場は大きな声を出すため、窓を開放した状態では近隣住民の迷惑になる。したがって、窓を開放したままの状態で長時間の稽古はできない。感染防止との兼ね合いを考慮し、清流劇場では稽古中は窓を閉め、四十分に一回、稽古を中断し換気を行った。また、窓を閉めて稽古するため、高性能の空気清浄機やサーキュレーター・加湿器などの感染予防機器を設置した。

三　新たな試み――時間を重ね合わせる

五月に入り、関西の劇団にはリモート演劇（仮想空間に俳優たちが集まり、上演する演劇）・ライブ配信（劇場公演と同時に作品のライブ映像を配信）・過去作品の配信などの動きが出始めた。これは海外の有名劇団やオーケストラが過去の演目を無料配信したことが影響していると思われる。

清流劇場でもZoomによるドラマリーディングを実施し、六月にYouTubeで無料配信した（現在

図 4-6　「清流劇場特別企画 2020　井原西鶴『世間胸算用』を読む」

も視聴可）[6]。演目は井原西鶴『世間胸算用《むねさんよう》』の中から次の三編を選んだ（**図４－６**）。『鼠《ねずみ》の文つかひ』、『小判は寝姿の夢』、『平太郎殿』。一年の収支決算日である大晦日を背景に据え、上層・中層・下層の町人たちが、ドタバタ騒ぎをして一日を過ごす様子を描いた作品。商人の愚行や滑稽を笑いの対象に描いている。

緊急事態宣言下（二〇二〇年四月七日―五月二十一日）ではあったが、何とかして作品創作に取り組んでみたい思いから、**Zoom** というウェブ会議システムを試行錯誤しながら使用した。苦労した点について、具体例をいくつか挙げる。

・俳優それぞれの Wi-Fi 環境に差があり、セリフの間合いに小さな齟齬が生まれたこと。
・同じく俳優各個人が持っているパソコン性能に差があり、カメラ機能・マイク機能・壁紙の調整に時間がかかったこと。

初めての試みに四苦八苦しながらも、最終的にはピアノの生演奏も入れ、一つの作品を仕上げることができた。

何故、演劇人たちはリモート演劇や配信演劇を実施しようと考えたのか。ドラマリーディングを行った清流劇場は何故、「何とかして作品創作に取り組みたい」と考えたのか、自問してみる。

演劇の稽古場は、同じ人たちが、同じ時刻に、同じ本を持って、同じ場所に集まってくる。しかも皆が、昨日よりももっと良いものにしたいという気持ちで稽古場に集う。稽古場は、それぞれの人が持つ貴重な時間を重ね合わせながら、「新たなものを作り出す奇跡的な場所」だ。それが公演中止や延期を余儀なくされ、積み重ねてきた時間が吹き飛んだ。徒労感と閉塞感にさいなまれ、皆しばらくは心の整理も付かなかったが、一カ月以上に及ぶ緊急事態宣言下にあって、やはり人間の本能とでもいうべき「何かを作り出したい」という意欲が湧き上がってきたのだろう。演劇人たちは知恵を絞ってなんとか再びつながり合おうとした。それがリモート演劇やライブ配信であった。清流劇場の場合は、Zoomでのドラマリーディングだった。集う場所は、オンラインによる仮想空間に変わるが再び同じ人たちが、同じ時刻に、同じ本を持って、同じ仮想空間に集まり、貴重な時間を重ね合わせることができた。

今から六七〇年ほど歴史を遡ると、今回と同じような「流行病《はやりやまい》」にまつわる物語集がある。十四世紀のイタリア・フィレンツェでペストが猛威をふるった時、若い男女十人がペストの蔓延する町から離れて、郊外の森の館に十日間避難するのだが、その避難している間、迫り来る死の影を追い払おうと、毎日代わる代わる物語を話して聞かせるという、十人が十日間で百の物語を語る物語集。ボッカッチョの『デカメロン』[7]である。演劇人たちが仮想空間に集い、時間を重ね合わせる姿は、『デカメロン』に登場する男女十人に重なって見えはしないだろうか。

このドラマリーディングは、新聞[8]や演劇雑誌[9]でも、コロナ禍における演劇人たちの新たな動きの一つとして紹介された。

四　十月、清流劇場公演に向けて

八月中旬に入り、清流劇場は十月公演に向けて本格的に活動を再開した。上演日程は二〇二〇年十月十四日―十八日（会場：一心寺シアター倶楽）。演目は『逃げるヘレネ』。ギリシア悲劇、エウリピデスの『ヘレネ』[10]の改作劇である。

あらすじを簡単に述べておこう。

スパルタ王妃ヘレネは来訪したトロイア王子パリスに恋をし、夫メネラオスを捨ててトロイアへ駆け落ちする。そのヘレネを取り戻そうと、メネラオスはトロイア遠征軍を起こし、十年戦争の末、妻奪還に成功する。ヘレネは「トロイア戦争」を引き起こした問題の女性。これが、私たちが知る一般的なヘレネ伝説だ。ところが、ヘレネはトロイアへは行かず、実は神の計らいでエジプトにいて、トロイアへ行ったのは神が雲から造った「幻のヘレネ」だった、という異伝がある。悪女ヘレネに代わる、いわば貞女ヘレネの物語。エウリピデスの『ヘレネ』はこの異伝に拠っている。

スパルタ王メネラオスは十年のトロイア戦争の後、妻ヘレネ（幻）と共に、帰途洋上を七年間放浪し、難破してエジプトに漂着する。メネラオスは、生き残った部下たちにヘレネを守らせ、エジプト王の屋敷に援助を求めて赴く。ところがそこで、またヘレネ（本物）と出くわす。困惑するメネラオス。そんな折、部下の一人が知らせを持って来る。苦労して取り戻した妻ヘレネは雲から造られた幻で、先程、昇天し消失したとのこと。今、目の前にいる女性こそ、本物のヘレネであることが明らかになる。十七年ぶりの再会を喜ぶ二人。早速、メネラオスはヘレネを連れて帰ろうとするが、実のところ、ヘレネはエジプト王から求婚されている。夫がやって来たとなれば、王は怒って殺してしまうだろう。しかも、ひそかにエジプトを脱出しようにも、難破した時に船は粉々に壊れている。二人は相談の上、策略を巡らせエジプト王を欺き、死んだメネラオスのために海上で犠牲を捧げるとの口実で船に乗り込み、無事祖国へ逃げ帰る。

（1）公演時の感染予防対策

どのような演目を上演するのか。勿論、それが一番大事なことではあるのだが、併せて、はじめに考えておかねばならない大切なことがある。公演を企画するにあたり、客席数の設定（延いては観客動員数）をいくつにするかという問題だ。

五月二十五日の緊急事態宣言終了に伴い、政府は「イベント開催制限の段階的緩和の目安[11]」を発表した。第一段階では、室内でのコンサートなどの場合、収容率五〇パーセント以内、もしくは一〇〇人以内。そのどちらか小さい方でなければならない。

その後も緩和措置は続き、九月十九日から収容率・人数の上限は取り払われ、客席を満席にすることが可能になった。しかし現実としては、観客の反応もあり、簡単に元に戻すことはできなかった。新型コロナウイルス感染症に対する考え方が観客の中でも大きく異なっていた。高齢者や高齢者と同居している人は、非常に敏感になっている。「隣に人がいるのがわかっていれば、チケットを買わなかった」という観客がいたことも、他劇団公演から耳にした。そうかと思えば、全くそんなことに無関心な観客もいる。

清流劇場公演は上演会場となる劇場（一心寺シアター倶楽）からの臨時規定に基づき、百五十席の客席数を六十席（キャパシティの四〇パーセント入場）に制限して公演した。（劇場使用料についても、四〇パーセントに割引された）一席ずつの間隔が一メートル空いた状態である。また、劇場備え付けの換気設備を常時運転させたまま、上演中も非常扉は全て開放状態にし、大型扇風機を導入して、観劇中も換気状態が極めて良好であることを「見える化」し、上演に臨んだ。さらに、換気のための幕間休憩も四十分に一度、計二回入れた。観客からは「非常に安心して観劇できた」と好評であった。

（2）稽古場内の感染予防対策

稽古場での感染予防対策を講じることも稽古を再開するためには重要なことだった。感染予防対策として、次亜塩素酸水を用いた床面の掃除、アルコールを用いたドアノブ・椅子・テーブル・各種小

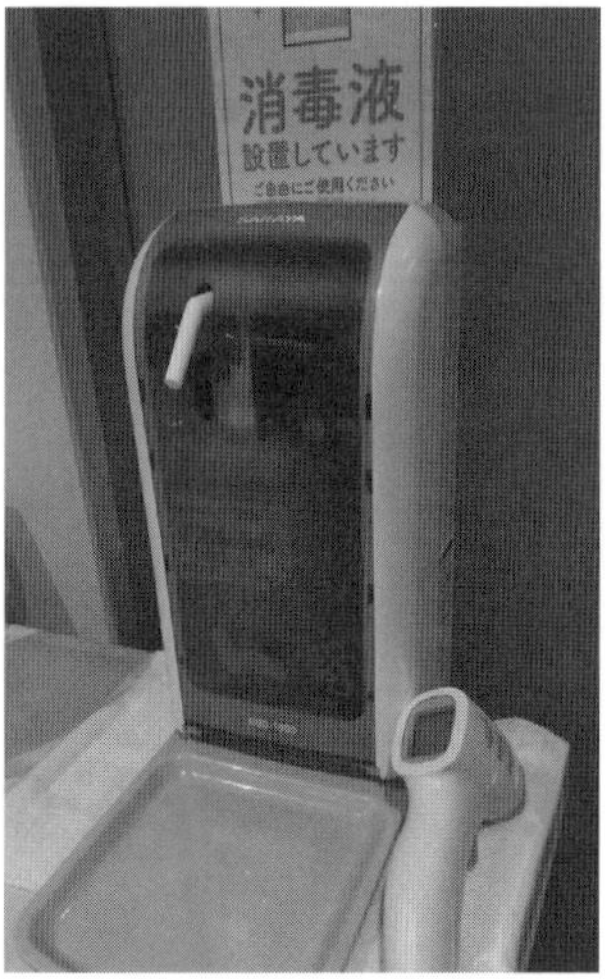

図 4-7　稽古場入口に設置した非接触式消毒液噴霧器と非接触式体温計

図 4-8　靴底消毒マット（消毒液は次亜塩素酸水）

図 4-9　Wi-Fi ルーター（三密回避のため，稽古場のオンライン中継を開始）

図 4-10　サーキュレーター（稽古場の換気のために 7 台を用意）

道具の消毒、非接触式消毒液噴霧器の設置、非接触式体温計での稽古前後の検温、空気清浄器の設置、サーキュレーターによる空気循環、加湿器の設置、靴底消毒のための足拭きマットの設置、四十分に一回の稽古場換気などを行った（図4－7から図4－10）。

公演本番までの稽古の流れは次の通り。

一、読み合わせ稽古の段階は、Zoomを用いてのオンライン稽古。

二、立ち稽古の段階以降は、稽古場での対面式稽古に移っていくが、三密回避のため、少人数での部分稽古を中心にした。

三、稽古場に来ない者はZoomでの稽古中継に参加。Wi-Fi設備も新たに準備した。

四、通し稽古の回数はこれまでの作品創作プロセスの半分程度に減らした。

五、スタッフの稽古下見も予約制とし、稽古場内の収容人数に制限をかけた。

六、スタッフ間の打ち合わせもZoomを介した形を多用した。

稽古以前に、準備時間（消毒作業・感染予防対策など）に多くを割かねばならず、稽古一回当たりの作品創作にかける時間は短くなり、結果として稽古回数を増やさざる得なくなった。

（3）ソーシャルディスタンスを意識した新演出

演出する際に一番頭を悩ませたのは、十七年ぶりに再会した夫婦のシーン。ずっと再会を求めていた夫婦が手を取り合うことさえせずに、どのように喜びを分かち合うように見せるか。感染防止のため、身体の接触は厳に避けなければならない。

色々と悩んだ末、衣装デザイナーに全ての衣装が俳優同士のソーシャルディスタンスを保てるデザインになるように注文した。パニエ（大きく丸いスカート）を履いたり、大きな四角い帽子を被ったり、頭に棒をつけたりした（**別図４－２**）。懸念のシーンも、頭に付けた棒に触れ合うことで愛を確かめ合う演技をさせ、コロナ禍社会を逆手に取るような明るく楽しい演出を施すことで解消した。この上演作品の劇評は、演劇雑誌[12]でも掲載されている。

（４）ドキュメンタリー映画『逃げるヘレネ』の取り組み

大阪を拠点にドキュメンタリー映画製作を行っている板倉善之監督を映画関係者に紹介していただき、この公演では新たに『逃げるヘレネ』創作過程を記録したドキュメンタリー映画の製作も同時に試みた。

新型コロナウイルスの感染拡大に収束の目途がまだ立っていない。この公演もいつ中止の決断が迫られるか分からない状況なのは、前回の三月公演と同じだった。そこで万が一、今回も公演中止になった場合に備え、少しでも創作の歩みが記録に残るようにしておきたいという思いから、ドキュメンタリー映画の製作を依頼した。板倉監督もこれまで演劇に深く関わったことがなかったこともあり、「俳優がどのようなプロセスを経て、演技を研ぎ澄ませていくか」に大きな好奇心を持ち、引き受けてくれることになった。私自身は板倉監督が「俳優のメモを書き込んだ台本」や「黙々とセリフを繰り返す俳優の姿」に関心を示すのを見て、これまでは「何気ない風景」だった一つ一つの創作プロセスを改めて検証し直す機会となった。

こうしてジャンルの垣根を越えて刺激を与えられる相互協力の体制が構築された。この出会いは、コロナ禍での数少ない貴重な出来事だったと思われる。

五　再び三月を迎えて

公演中止となったあの三月公演から、一年が経った。清流劇場は二〇二一年三月十日—十四日（会場：一心寺シアター倶楽）に公演を実施した。演目は『クレーヴィンケル市の自由』[13]。オーストリアの喜劇作家ネストロイの作品、本邦初演である（図4-11）。

あらすじを少し述べておこう。

古くから、クレーヴィンケル（＝もとの意味は「カラス（クレー）のすみか（ヴィンケル）」）は、「愚者の町（心が狭く、意地っ張りな俗物の住む架空の田舎町）」の代名詞として使われていた。本作品は、十九世紀のウィーンで流行した「クレーヴィンケルもの」の一つである。

舞台はクレーヴィンケル市という田舎町。専制政治の敷かれるこの町では、市民たちは自由と権利を抑圧され、不満を抱えていた。そこへ、主人公ウルトラ（フリージャーナリスト）が現れ、彼の指導の下、市民たちは立ち上がり、言論・出版の自由と民主的憲法を求め、革命運動が起こる。市長は

図 4-11 『クレーヴィンケル市の自由』

ウルトラを買収し、運動を押さえ込もうとするが、ウルトラがこれを断ると、彼にクレーヴィンケル市からの退去命令を出す。これ以降、ウルトラは幾度となく変装を繰り返し、警察の目をかいくぐりながら、革命を進めていく。市長もこれに対抗し、革命を押さえ込もうと試みるが、最後には革命は成功し、市長は亡命を余儀なくされる。

ウィーン革命（一八四八年革命）における宰相メッテルニヒのロンドン亡命の史実を受け、描かれた物語。ウィーン民衆劇の黄金期を築いたネストロイが描く社会風刺のピリリと効いた茶番劇である。

（1）活動継続のためのカギ

二度目の緊急事態宣言下（二〇二一年一月十四日―二月二十八日）で、清流劇場は稽古を進めた。十月公演の感染防止対策の経験を活かし、徹底した感染防止対策を施すことができた。加えて、この公演では、宣伝のための告知動画製作や上演作品のオンライン配信（配信期間は、公演終了後の三月二十日―三月二十八日）も行った。演劇の創作過程及び配信の急速なオンライン化はコロナ前と比べれば、隔絶の感がある。コロナ後の演劇界がどのような姿になっているのか、少し恐ろしくもある。

コロナ禍が始まっておおよそ一年。未だ多くの劇団が公演を自粛している。そんな中、私たちの劇団が公演を継続できている理由を考えてみた。

・助成金・補助金を利用して、感染予防対策機器を購入することができたこと。
・固定した稽古場を借りられていること。（つまり、感染予防対策の各種機器を持って、稽古場を日々転々とせずに済んだ。）

特にこのような恵まれた環境（稽古場）で作品創作に取り組めるのは、知人の好意に依るところが大きい。来年度以降は、若手演劇人にも〈場を共有できる仕組み〉を考えていきたい。

ここで、若手演劇人・若手劇団の直面する問題を考えてみたい。

（2）若手劇団の窮状

先にも述べたが、特に若手演劇人にとっては、この新型コロナウイルスの影響は深刻なものになっている。深刻な出来事をいくつか挙げておきたい。

第一に、若手演劇人や設立間もない若手劇団は観客動員数が少ないため、必然的に小さな劇場（客席数一〇〇席未満）での公演が多くなる。しかし、小さな劇場では客席と舞台の距離が近いため、感染リスクが高くなる。他にも小さな劇場の場合、楽屋や客席の換気設備が整っていないことが多い。そうかと言って、彼らには大きな劇場（客席数一〇〇席以上）で公演するほどの観客数が見込めず、予算規模も小さい。結局、感染リスクを避けながら公演できるような適当な劇場は見当たらず、公演できない状態に陥ってしまう。

また、稽古場の確保の問題がある。若手演劇人や若手劇団は、専用の稽古場を持ち合わせていない場合がほとんどである。このため、公民館や青少年センターなどの公共施設を借りて稽古することが多い。しかし、緊急事態宣言や時短要請の兼ね合いから、公共施設の利用時間にも制限がかかっている。これまでなら二十一時から二十一時三十分まで使えていた施設も二十時で閉まってしまう。折角、アルバイトを終えて公民館に集まっても、これでは稽古時間を確保できない。また、公共施設の中には飛沫感染防止を理由に、演劇を目的として使用する団体には貸し出さないといったケースまで出てきている。俳優としての発声練習・基礎トレーニングをする場所の確保さえままならない状態に陥っている。

結局、若手演劇人や若手劇団はコロナ禍が落ち着くまで、しばらく公演しないでおこうという考えに落ち着いているようだ。しかし、多くの助成金交付団体が応募要件に挙げるのが、過去の公演実績である。公演実績を積めないままでは、コロナ禍収束後も若手演劇人や若手劇団へ支援（助成金）が届かない恐れがある。

先にも述べたが、第三次補正予算を利用した文化庁による「ATRS for the future!」という支援事業は、演劇緊急支援プロジェクトの提言などを受けて、いくらか改善の兆しを見せているが、それでもまだ若手演劇人・若手劇団にとっては申請しづらいままである。支援の手が届くシステムの構築が急がれる。

（３）文化庁による「文化芸術収益力強化事業」

新型コロナウイルスの感染拡大による収益機会の減少などにより、経営環境は厳しさを増している。このため文化芸術団体などの事業構造の抜本的改革や活動の持続可能性を高めるため、各分野の特性を活かした新しい収益確保・強化策の実践を通じて、国内の新たな鑑賞者の拡充や海外需要を引き寄せるための事業として「文化芸術収益力強化事業」が七月より始まった。（事業予算：五〇億円）

この支援によって、どのような事業が展開されているか具体例を挙げる。

・戯曲の収集とデジタル化（日本劇作家協会）
・劇団の上演映像の収集とアーカイブ化（日本劇団協議会）
・舞台照明や音響・ヘアメイクなどのスタッフ技術に関するＥラーニング動画製作と教育連携（日本演出者協会）

また、他団体では障害者向けの字幕や解説付き動画製作等も行っている。文化庁は、アーカイブ化や動画配信に注力することにより、これまでの文化芸術団体の収益構造を改革し、持続可能な構造への転換を促している。

（4）今後の課題

この一年で、演劇のオンライン配信が大きく動き始めた。コロナ禍の活動制限がかかる状況下で本格化したこの配信分野は、まだ環境整備がなされていない。例えば、舞台上演以外にオンライン配信が加わったことに対する出演料上乗せなど各種報酬の問題。そして、視聴チケットの販売価格の適正化（映画の料金との兼ね合いも考慮しなければならない）。

また、文化庁の促すこの「収益構造の改革」がもたらす影響は甚大である。コロナ後もオンライン配信が一般化した場合、観客が劇場に戻ってこないのではないかという懸念を私は抱いている。配信に主眼を置いた作品創作が中心となった場合、もはや映画・テレビ・演劇の境は消滅するのではないか。その場合、これまで培われてきた舞台演技のメソッドや演出術などは通用しなくなるのではないか。延いては、演劇そのものが存続の危機に陥るのではないかといったことが危惧される。

六　演劇の魅力と今後の可能性

演劇が存続危機に陥る。そうならないためにも、映画やテレビとの違いを明確にしておかねばならない。演劇の魅力とは何か？　演劇の原点である「ギリシア劇」を基に考えてみる。

ギリシア劇が最も盛んだった紀元前五世紀の上演の場合、原則的に三人の俳優しか舞台に上がらなかった。簡素な舞台装置があるだけで、「俳優の身体」こそが重要であった。では、どのような「身体」が重要だったのか。ギリシア劇の場合、一人の俳優が十分以上にわたる「語り」を繰り広げることはよくあることだ。ソポクレスの『オイディプス王』[14]を例に挙げてみる。最終景で登場する「使者」の語りは、舞台上ではない〈別の場所〉で起こった出来事を、まるで目の前で起こっているかのように、臨場感をもって語り尽くす。その「語り」の内容を列挙してみる。

・王宮内の様子。（空間描写）
・そこへ、動揺を抑えきれず戻ってくるイオカステ（王妃）の様子。（人物描写）
・イオカステが自分自身の運命（オイディプス王の母であり、妻であったこと）を嘆く姿。（感情吐露）
・オイディプス王が王宮内へ狂乱状態で戻ってくる様子。（人物描写）
・首を吊り、自殺したイオカステの姿。（人物描写）
・オイディプス王がイオカステの首から紐を解き、横たえさせる様子。（人物描写）
・オイディプス王の嘆く姿。（感情吐露）
・オイディプス王がイオカステのかんざしで目を刺し貫く様子。（人物描写）
・王宮内に飛び散った血潮の様子。（空間描写）

当時のギリシア劇上演では、「人が死んだり、殺したりする姿」を舞台上で見せることはなかった。「語り」によって、状況を描写し、観客の想像を膨らませることの方が、より効果的だからだと考えられる。

舞台における「俳優の身体」は、劇空間の「時間」と「空間」を支配することができる。そして、時空を飛び越え、未来へも過去へも観客をいざなうことができる。「俳優の身体」は、観客を想像の世界へいざなう力を持っている。つまり、観客の目の前に存在する「俳優の身体」こそが、演劇における絶対的な魅力なのだ。

一方、映画やテレビの場合、アングルやカット割りを変えずに長時間一人の俳優だけを写し続けることは希有である。「俳優の身体」以上にアングルやカット割りが重要な要素になってくる。

現時点では、このような違いがあると言えるが、日進月歩の映像技術は、今後ますますＶＲの質的向上を促していくと考えられる。やがては、ＶＲによって、「俳優の身体」をバーチャル空間において知覚可能なものにし、舞台の臨場感が容易に再現できる時代が到来するかも知れない。

その時こそ、演劇は単体では存在し得なくなり、映画やテレビと一体化した新たな芸術領域が幕を開けるのだろう。

オンライン配信は新たな可能性をもたらした。様々な立場・環境にある人たちへ観劇の機会を与えることができた。育児期間中でなかなか外に出られない人、遠隔地に住んでいる人、高齢者、身体障害者等、これまで観劇することが難しかった人たちも手軽に演劇作品に楽しめるようになった。この可能性は今後も広がりを見せるだろう。

例えば、先にも述べたが清流劇場では西洋演劇の原点であるギリシア劇の勉強会（講座）を実施し

別図 4-1　『織工たち』舞台稽古（2020 年 3 月 2 日，一心寺シアター倶楽にて）

別図 4-2　『逃げるヘレネ』公演（2020 年 10 月 14 日から 18 日，一心寺シアター倶楽にて）

別図 6-1　兵庫県立美術館

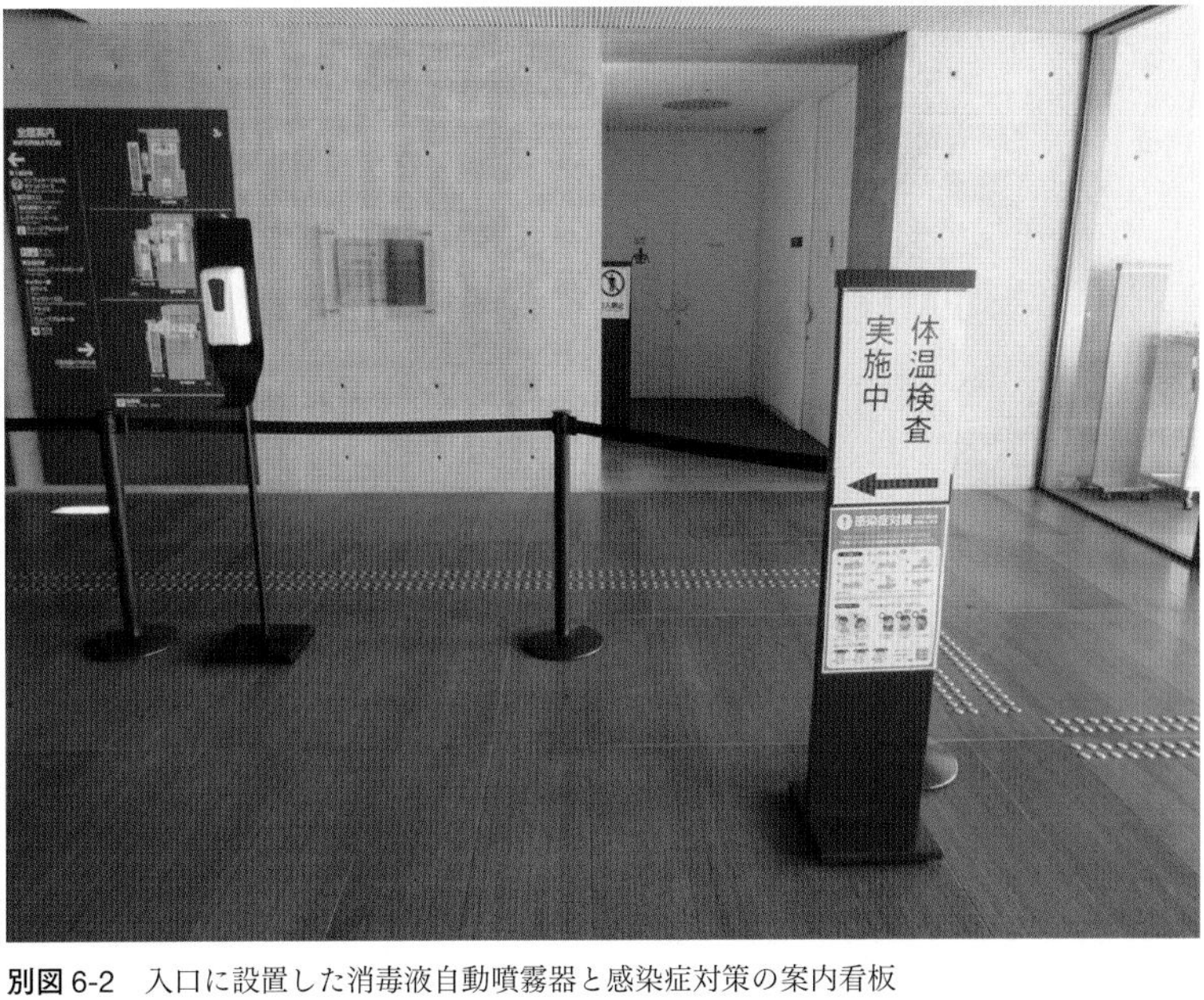

別図 6-2　入口に設置した消毒液自動噴霧器と感染症対策の案内看板

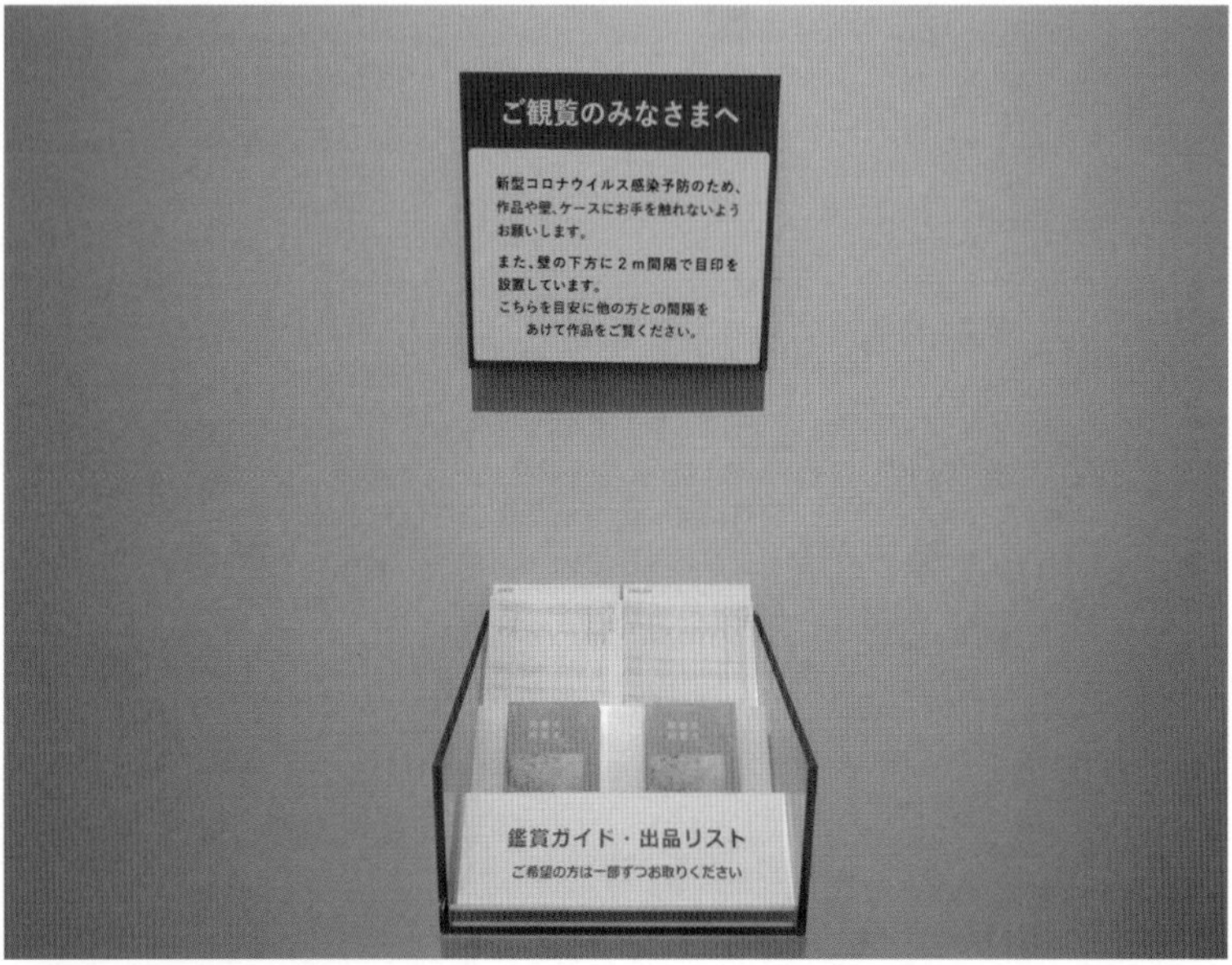

別図 6-3　展示室でのお願い

別図 6-4　「サイレントお題」の出題の様子

ている。二〇二〇年からはオンラインでの配信も始まった。このように、上演作品の配信のみならず、周辺分野（作品の背景となる学術的分野など）との連携によりさらなる演劇の魅力発信が可能になると考える。

おわりに

これからの演劇人にとって何が大事になってくるかということについて考えたい。「文化芸術というものは社会の一部を構成し、公共的な役割を担っている存在である」と、認知されることが大切だ。演劇人自身が「私はやりたいからやっている」としか考えず、周囲の人たちも「あの人は好きだからやっている」としか考えていない状態では、演劇への理解は進まないし、社会的役割を担うことも限定的なものにしかならない。

それゆえ、これからの演劇人は自分たちの表現について言語化できる能力を身に付けなければならないと考える。「劇場」という場所は、新しい物の見方や異なる考えに触れられる場所である。他者を理解し、多様な価値観を認め、寛容な社会を作り上げていく上で、必要不可欠な存在である。日々の仕事に忙殺され、普段の生活ではなかなか感じ取れない（学べない）ような価値観、物の見方を、演劇を通じて広く市民へ提示していく。そのような役割が劇場に関わる者として、演劇人に課せられた責務であると私は考える。

注

（1）清流劇場ウェブサイト〈URL: https://seiryu-theater.jp〉

（2）ゲルハルト・ハウプトマン『織工たち』丹下和彦訳。

（3）日本演出者協会ウェブサイト〈URL: https://www.jda.jp〉

（4）日本演出者協会・協会誌『D（ディー）』第二四号。

（5）文化庁・文化芸術団体の収益力強化〈URL: https://www.bunka.go.jp/koho_hodo_oshirase/sonota_oshirase/pdf/202007020922_01.pdf〉

（6）「清流劇場特別企画二〇二〇　井原西鶴『世間胸算用』を読む」〈URL: http://www.youtube.com/watch?v=gGSDi29gxmE〉

（7）ボッカッチョ『デカメロン』平川祐弘訳、河出文庫、二〇一七年。

（8）畑律江「劇場のピクニック」『毎日新聞』二〇二〇年七月一六日夕刊。

（9）九鬼葉子「在宅で楽しむ演劇。そして劇場が開かれた」『テアトロ』カモミール社、二〇二〇年九月号（第九七八号）。

（10）エウリピデス『ヘレネ』丹下和彦訳。

（11）内閣官房新型コロナウイルス感染症対策推進室長『イベント開催制限の段階的緩和の目安（その1）』〈URL: https://corona.go.jp/news/pdf/ikoukikan_taiou_0525.pdf〉

（12）九鬼葉子「古典の再創造が現代に齎（もたら）す希望」『テアトロ』カモミール社、二〇二一年一月号（第九八三号）及び、山形治江「フェードル、悲劇の笑い」『テアトロ』カモミール社、二〇二一年三月号（第九八五号）。

（13）ヨーハン・ネストロイ「クレーウィンケル市の自由」小島康男訳、『ネストロイ喜劇集』ウィーン民衆劇研究会編訳、行路社、一九九四年。

（14）ソポクレス『オイディプス王』藤沢令夫訳、岩波文庫、一九六七年。

コロナ禍におけるフランスの一美術館の取り組み
——パリ装飾芸術美術館の例

ベアトリス・ケット

はじめに、当シンポジウムに招待していただいた大手前大学、特に東洋と西洋の間の「交流文化研究所」の所長である哲学教授、石毛弓先生に心より感謝申し上げます。本講演に向けて最善の準備をするために、石毛先生は惜しみなく助言と援助の手を差し伸べられました。また当シンポジウムにパリ装飾芸術美術館を加えるように提案し、私の名前を出して下さった、柏木隆雄前大手前大学学長、柏木加代子京都市立芸術大学名誉教授に感謝を捧げます。本講演を準備するにあたりご夫妻の支援は貴重であり、本日のお二人のご出席は暖かな支えとなっています。最後に、シンポジウムの際に日本語字幕を作り、本稿の翻訳を手掛けた博士課程学生である安達孝信氏に感謝いたします。

前置きとして、装飾芸術美術館と日本美術の間にある深く継続的な関わりを思い起こすことがおそらく必要でしょう。当美術館と日本の美術・大学・文化界の同業者との交流は今日に至るまで絶えず続いており、それが当シンポジウムへの招待につながったからです。

近年では、日本政府と日本の外務省主導のもと「国際交流基金」によってフランスで開かれた「ジャポニスム二〇一八」プログラムの一環として、装飾芸術美術館は「ジャポニスムの一五〇年」[1]という展覧会を開催しました。そこには川上典李子氏（21_21 DESIGN SIGHT のアソシエイト・ディレクター）、諸山正則氏（元東京国立近代美術館主任研究員）がキュレーターとして招聘され、彼らとともに、柏木加代子教授、南明日香教授が展覧会カタログの制作に加わりました。この大規模な展覧会は、装飾芸術美術館が一八六四年の創立以降、日本美術に強い関心を持ち続けてきたこと、そして日本美術とその美学的原則が十九世紀後半以降どれほど大きな影響をフランス美術に与えてきたのかということを示す機会になりました。アジア美術専門の美術館が建てられるまでは、当美術館は日仏芸術の出会いにおいて主要な役割を担っており、現在でも特に工芸デザイン、グラフィック・デザイン、そしてモードにおいてこの使命を追求しなければならないと考えています。

はじめに

私たち皆が関心を持つ本日の主題に入るための導入として、装飾芸術美術館の歴史、所蔵品、そしてこれまでの展覧会について簡単に紹介します。

一八六四年に、パリ中心部の職人街（高級家具、ブロンズ像制作、金銀細工）にあるヴォージュ広場に、一つの図書館、二つの展示室、一つの会議室からなる機関[2]が設立されました。機関は職人や芸術家、工場経営者やクリエーターの教育を目的として、本や資料の閲覧をはじめ、展示される作品、さらに講演会を通して、彼らが着想を得る場として作られたのです。機関は同時代の創作活動と密接に結びつき、産業館[3]で大規模な展覧会を行いました。一八六九年の展覧会を写した一枚の写真からは、ガラス天井の下で当時の職人たちの作品が展示され[4]、階段の上には回顧展の入口があることがわかります。その年のテーマは「東洋美術館」であり、多くの日本の作品が展示されていました。

一九三五年に、ニシム・ド・カモンド美術館が機関に加わります。これは二十世紀初頭に建てられた個人の邸宅で、十八世紀の美術工芸品の宝石箱の役割を果たしています[5]。このコレクションを蒐集したモイーズ・ド・カモンド伯爵は、第一世界大戦で亡くなった息子ニシムの名前を冠して、当館に寄贈したのです。さらに一九七〇年代から一九八〇年代にかけて、図書館と美術館に保存されていたポスター、織物、衣服をもとに、広告グラフィックとモードのコレクションが公開されるようになります[6]。現在、機関はさらに二つの学校、デザインとインテリアを教えるカモンド校と、子供から大人にまで美術の実践体験を提供するカルーセル・アトリエを抱えています。

装飾芸術美術館は一九〇五年にルーヴル宮殿のマルサン翼に設立されましたが、ルーヴル美術館とは明確に区別されています。当美術館の所蔵品の管理は私立の協会によって行われていますが、その行政上の身分はルーヴル美術館と同等であり、所蔵品は国有財産であるため譲渡不可です。装飾芸術美術館は現在それ単独で（カモンド美術館を含めずに）、フランス装飾芸術（時に外国作品を含む）

を紹介する中世（十三世紀）から現代までの、宝石、モード、グラフィック・デザイン、デザイン、玩具、写真コレクションなど百十五万点もの作品を所蔵しています。アジアの伝統的な工芸品のコレクションに関しては、デザイン、版画、織物、衣服など一万二千から一万四千点を誇り、そのうちおよそ三分の二は日本のものです。

導入を締めくくるにあたり、二〇二〇年三月以降に、新型コロナウイルス感染症に直面したフランス政府がどのような公衆衛生上の措置をとってきたかということを簡潔に振り返りたいと思います。三月十五日から五月十一日までの第一次ロックダウンの期間中、食料品と生活必需品を例外とするあらゆる商業施設と同様に全ての文化およびスポーツ施設は、閉鎖されました。

六月二十三日に装飾芸術美術館は、二月二十八日に始まりその二週間後から中断していた「ハーパーズ・バザー」展、そして三月末に開催されるはずだった「全面的デッサン」展の二つの展覧会の扉を開放しました。閉鎖してからほぼ四カ月となる七月八日には、常設展も全て再開されました。

十月二十九日には、フランス全土の美術館と同様に当館は、十二月一日まで実施される第二次ロックダウンのために再び扉を閉めなければなりませんでした。このロックダウンが解除されてからも、美術館、劇場、映画館、コンサート会場、興業やスポーツは公衆衛生上の理由で閉鎖されたままでした。唯一図書館だけが、大学生の学習継続のために、利用人数を厳しく制限しながら開館することが許可されたのです。

一　美術館職員に対する経営陣の積極的関与(7)

このパンデミックに際して美術館が講じた対策については、政府に強いられたロックダウンの期間と、毎回それよりも長い美術館の閉鎖の期間を分けて考える必要があります。第一次ロックダウンは二カ月間でしたが、美術館は四カ月近く閉鎖され、その間、技術部門、施設維持担当、作品の運搬・設営スタッフ、美術館と契約を結んでいる講師や講演者、そして広報チームの大半という、多くの従業員が一時帰休となりました。警備も同様に削減され、六十歳以下の健康な人の中から選抜された特別チームだけが二つの美術館（装飾芸術美術館とニシム・ド・カモンド美術館）の警備にあたりました。他の従業員は、テレワークの活用によって業務を続けることができました。文化省によって予告された支援もあり、当館の経営陣は、一時帰休中の者を含む、全ての職員の給与を百パーセント維持することを決断しました。

学術部門の従業員(8)に対しては、オリヴィエ・ガベ館長は、芸術作品の運搬・設営担当と講師を除き全般的なテレワークを推奨しました。コロナ禍以前では、会議は月に一度か二度、学芸員と各部門長の間で開かれるだけでした。ロックダウンと美術館の閉鎖の期間中、会議は週一回に増え、美術館の指揮下にある学術部門の全員がZoomやTeamsといったヴァーチャル方式での会議に呼ばれるようになりました。それぞれの部門内での連絡が維持されただけでなく、各従業員は連絡もとらずに孤立している同僚がいないか注意し、見つけた時には人事部に報告するように促されました。

労働環境の再構築に加え、また後ほどお話ししますが、外部向けのデジタル活動の進展と並行して、内部向けのニュースレター「装飾芸術美術館と私たち」を創刊することで、美術館はテレワーク中にしろ一時帰休中にしろ全ての従業員との連絡を維持し、従業員は美術館の活動の現状を定期的に知ることが可能になりました。扱われるテーマは、人的資源、展覧会の成果、作業の継続、そして美術館の日常的な出来事など多岐にわたります。

第一次ロックダウンが終わってからも、テレワークが優先され、職場（美術館や倉庫）への通勤は週に一回のみ許可され、この頻度はより制限の緩やかな第二次ロックダウン中にも継続されました。新しい展示の設営、常設展の維持、ショーウィンドウの更新、作品の運搬・設営に関わるスタッフだけがいくらか多く現場に来ることができました。結局、現場での仕事が通常の半分にまで戻ったのは九月と十月だけでした。十月十五日に開かれた「豪奢」[9]展設営に加わったスタッフは全て現場での仕事となりましたが、この展覧会はわずか二週間後に二度目のロックダウンにより閉じられてしまいました。

現在（二〇二一年四月時点）でも、装飾芸術美術館とニシム・ド・カモンド美術館は引き続き閉鎖され、一部の従業員はいまだ一時帰休の状態にあり、再開の時期について文化省からまだ詳細は伝えられていません。フランス全土での感染再拡大のために、テレワークは二〇二一年一月から強化され、必要があれば週一度に限り職場に来ることができます。シンポジウムの後に、フランス政府から第三次ロックダウンが宣言され[10]、とりわけ食事をとる共同スペースに関する規則が厳しくなりました。共同オフィスの場合、複数人が何時間も同じ空間で働くことを避けるために、各従業員は勤務表を作成しなければいけません。また一月始めからは夜間外出禁止令がフランス全土に発令され、職業的例外を除き、十八時までの帰宅（第三次ロックダウン開始時からは、十九時へ変更）が命じられたことも忘れてはなりません。

二　学術部門の使命

館長はこの「宙ぶらりの」時間を研究計画と所蔵品の調査を進展させるために活かし、チーム作業を促進することで長期的な計画のもとで展示を刷新しようと考えました。学術スタッフ全員が情報部門の助けを借りてウェブページ、ソーシャルネットワーク、ニュースレターの更新や制作に加わるように促されました。その例については後で詳しく見ていきます。

突然の閉鎖に直面した館長は、開催中、準備中の展覧会プログラムの再構成を余儀なくされました。まず「ハーパーズ・バザー」展は、作品貸し出しに関して他の機関やコレクションとの交渉の末に合意に達し、今年の一月まで会期を延長することができました。しかし美術館が十月二十九日に再度閉鎖され、本展覧会の二度目の再開は叶いませんでした。展覧会の軌跡を保存し、ついでインターネット上で公開するために一本の短編映画が撮影されました[11]。

一方で主に当美術館の所蔵品からなる「全面的デッサン」展は、二〇二〇年三月末の開催を六月二十三日からに延期。それもまた二〇二一年の一月末まで続くはずでした。展覧会が予定より早く閉鎖されたため、代わりに当館グラフィック・コレクション担当の学芸員で、当展覧会のキュレーターであるベネディクト・ギャディによる展覧会ガイドの動画が制作されました[12]。

本館の中央回廊で予定されていた「豪奢」展の開催は、当初四月から夏までの予定でしたが、二〇二〇年十月十五日から二〇二一年五月始めまでにずらされました。しかし目下のところ、二週間分しか開けていません。展示品の大部分は当館の所蔵品であり、作品を貸し出してくださる諸機関の協力があったために、会期を七月中旬まで延長することができるでしょう。当館はしたがって、二〇二〇年は六カ月間しか開けることができませんでした。一方で来場者数の減少は、二〇一九年と比較し三三パーセントに抑えられました。つまり開館した六カ月間の来場者はむしろ増加したのです。展覧会の成功は取り上げた対象の種類と規模の多様性によるものですが、それと同時に、閉鎖期間中にデジタル・ツールやソーシャルネットワークを利用して行われた宣伝活動の成果でもあります。六月と七月の再開そして、「豪奢」展の開催直後から観衆はすぐに美術館に戻ってきたのです。

展覧会企画の話題を終えるにあたり、当館の性質と私たちチーム全体の即応性を完璧に要約する二〇二〇年のある特別な企画についてお話ししたいと思います。私たちが優先する分野のクリエーターたちの未来を案じて、オリヴィエ・ガベ館長は現代作品[13]の収集を担当する私の同僚たちに、クリエーターとの連絡を絶やさず、彼らの活動状況を問い合わせるように命じていました。館長はまず本年度の収集予算を全てそれらのクリエーターたちを支援するために用いることを決意しました。通常三回開かれる収集委員会はたった一回で済みました。次に彼は十月に実施されたこの収集と、その他の新規購入に頼らない企画を、今後数カ月間にわたる展覧会企画の基盤にすることを決めました。そうして十二月には、現代ギャラリーの展示品の一部を移して、そこに四十人のクリエーターの作品を集め、ヴァージニア・ウルフの小説『歳月』の冒頭にちなんで「不確かな春」と名付けられた展覧会が設営されました。この企画によって、当館は創作活動を支援し、「フランスにおいて実用性の中にある美の文化を保つ」というその第一の使命を追求したのです。当初、展覧会は十二月十五日に始まり第一次ロックダウン終了記念日である五月十一日に終わる予定でした。実際にはまだ開くことすらできておらず、二〇二一年の夏から秋にかけて予定されている美術館の再開に合わせて日程が再調整されることでしょう。(14)

三　観衆と美術館

(1) 観衆との接触維持——第一次ロックダウンとその後

最初に、当館はウェブサイト上で青少年に向けた活動を提供しました。それというのも、第一次ロックダウンの際、親たちは子供の活動を二十四時間、月曜日から日曜日まで、企画準備し、授業を組み合わせることを強いられたからです。そこで当館はパソコンの画面から離れてできる活動を子供たちに提案しました。美術館の所蔵品に関する簡単な教育的活動と、身の回りの道具（紙、鉛筆、フェルト、ハサミ、ノリ）を用いて一ページの型紙を白黒印刷するだけで自宅できる美術実践の課題を提供したのです[15]。

また当美術館の公共サービス部門が運営する児童生徒向けの活動の一つとして、数年前から国民教育省と連携して行っている、一週間の教育プログラム「芸術的職業の発見」があります。文化施設が閉鎖された中で、工芸品、素材、技法に関する教育プログラムの継続を保証するため、装飾芸術美術館は二〇二一年版として三十九の遠隔クラス（千人の中学生が登録）を開講しました。洗練された教育プラットフォームを用いることで、これまで美術館内で行われていた際と同様に、生徒は、「展示品の探索」「職人との出会い」「美術職業訓練の紹介」という三段階の探求が可能になりました。中学生や教育グループのための媒介手段として考案されたこのプログラムは、視覚、テキスト、映画、遊び、造形活動など様々な形態のコンテンツを提供しています。それを補うのが、アトリエの職人たちの実演を見て彼らと交流するクラスであり、二〇二一年の一月二十五日から二十九日にかけて一週間行われました。これは極めて有意義な集団的経験でした。美術館は二〇二二年にも新たに生徒と職人を受け入れたいと考えているので、今年作ったプラットフォームは保存され発展されることでしょう[16]。

（2）文化省により要請された新しい規範のもとでの観客の受け入れ

美術館再開許可取得のための文化省が制定した公衆衛生上の規範は多くの措置の実施につながりました。第一に、時間ごとの入場可能人数を通常時よりも減らした上で、チケット数の七五パーセントをオンラインでの予約システム向けに割り当てました。

次に、来場者の流れが交錯することを避けるために新たな標識が設置されました。若い二人組のグラフィック・アーティスト、ソフィー・キュレとオーレリアン・ファリナによって考案された標識は、ハイキング用の地図記号から着想を得て、簡単な色の違いによって三つの道筋を提示しています。これまでのポールとロープを使った侵入禁止や順路指示に加えて、今では進行方向の指示、狭い空間での入場人数の制限、回れ右、この先行き止まり、さらには少しばかりユーモアを加えるため、山の上のように標高までもが掲示されているのです。

二〇二一年の次の再開に向けて、文化省の要求はさらに厳しくなり、次のような措置がすでに考えられています。(17)

・時間帯ごとの入場可能人数枠の縮小とそれを厳守するためのチケット販売の完全オンライン化。
・開館時間を十一時から十六時までに短縮（以前は十八時閉館、木曜日には二十一時閉館）。
・美術館友の会、支援者のための専用時間帯を十時から十一時に設定。

四　デジタル化とソーシャル・ネットワーク、そのいくつかの例

第一次ロックダウンの影響は、三月中旬にウェブサイトへのアクセス数が激減したことに如実でした。しかしその落ち込みはニュースレター「私たちの文化」を毎週配信し観衆との繋がりを強化す

ることによって止めることができました。ソーシャル・ネットワーク上での当館の存在意義の高まり、新しいコンテンツの開発が、それを維持する主要な手段になりました。展覧会と常設展示をオンライン上で活用し続けるために、毎週新たなコンテンツが紹介されました。[18]「全面的デッサン」や「ハーパーズ・バザー」の展覧会の作品と同様に、美術館や図書館に所蔵されている作品も毎週紹介されました。この出会いはまた、ウェブサイト上の「冷めた」コンテンツ（テーマ別の資料、終了した展覧会）の価値を見直し、過去の展覧会カタログの栄誉を回復させ、オンライン店舗を活性化させ、これまで公開されてこなかった展覧会の舞台装置の写真といった未発表のコンテンツを提示する機会となりました。広告コレクションに保存されている古いテレビCMの紹介は、これまでの月一度から週一度に増やされました。

「私たちの文化」では、活動、ビデオ、テーマ別の資料の全体を取り上げるウェブページが作られ、観衆が簡単に閲覧可能なコンテンツを発見し、当館の所蔵品とテーマを探索できるようにしました。[19]また新たに「私のお気に入り」という五十二秒の短い動画をSNS上で公開しました。美術館の職員が各自の好きな作品を、画像を用いて紹介しています。週に一度のペースで、既に四十本の動画が公開されています。また多くのポッドキャストが、デザイナーやモードのクリエーターたちが美術館で行ってきた過去の講演会をもとに作られました。その録音はサウンド・クラウドという別のプラットフォーム上でも、フランス・キュルチュールのジャーナリストで、美術館と協力してきたセリーヌ・ド・シェネ氏によるイントロダクションをつけて再編成され公開されています。第一次ロックダウン以降、当美術館のインスタグラムのフォロワー数は二〇パーセント増加しました。

これらの作業は二つの要因によって可能になりました。第一に、専門家によって撮影されてきた写真、デジタル化された資料、数年前から体系的に記録されてきた講演会などの極めて豊かな資源であり、第二に、情報端末の変化によって容易になった内部での協力作業です。

これらの多様な進取の取り組みのリストの最後に、二つの美術館の閉鎖された空間の内部で特別に実現できた二つの企画を紹介します。デザイナーのアレクサンドル・アンベールは、「開館を心待ちにする人たち」[20]と題された短編映画の撮影を希望し、彼はそこで第一次ロックダウンの間にも閉鎖された美術館の中で続いている日常を見せました。彼は常に現場にいる三人のスタッフ、館長、作品の修繕・保存責任者、警備責任者を尾行しインタビューしたのです。彼らが閉じられた美術館の回廊を巡回する様子が撮影されました。この映画が見せたのは美術館の思いがけない、詩的な未知の光景でした。この企画の次に、彼に美術館に住んでもらい、季節ごとの展覧会のプロモーション用映画を撮影してもらいましたが、そこでも美術館での生活が映されています[21]。

二つ目の進取的企画はGoogle Arts & Cultureによって提案されました。彼らは世界の九つの美術館[22]で、「文化施設で働いていない限り、あなたが美術館の回廊や、展示室をこのようにたった一人で歩くような機会はなかったでしょう……」というキャッチフレーズとともに九本の映画を撮影しました。そのうちの一つ、「二人にとっての芸術――ニシム・ド・カモンド美術館×バッカス氏」はニシム・ド・カモンド美術館で撮影され、館長自らがバッカス氏のためにヴァーチャル・ガイドを務めました[23]。

この企画は六万五千回以上も再生されるという大きな成功を収めました。

結局のところ二〇二〇年全体としては、特別に不利な事情と六カ月間もの美術館の閉鎖がありながらも、百万人近くが四百万回近くも私たちのウェブサイトを訪問し、二〇一九年と比べてわずか一三パーセントの下落にとどまったのです。

おわりに

従業員をはじめ美術館の内部に関しては、コロナ禍は情報機器を（美術館の使命に適した形で）用いた長期間（九カ月以上）のテレワークを学ぶきっかけとなりました。さらに経営陣と館長が直ちに実行した措置によって、従業員の公衆衛生上の安全を十分に守りながら、繋がりを維持し、地理的な隔たりにもかかわらずに仕事の本質的な生産性を維持することができました。そのおかげで、多くの強力な制限がありながらも、わずかに延期しただけで素晴らしい企画が実現されたのです。

対外的なイメージに関しては、美術館は従業員各自の仕事を活用し、独自の資源を開発し、その唯一で独創的な性質を前面に出すことができました。半官半民という私たちの特殊な立場は、展覧会に出資し予算制約を管理するという民営的習慣と、テレワークの利点を認めた省庁による公的財政支援のための、強力な切り札となりました。また当美術館の中程度の規模は、直接的連絡の維持を促進し高度の即応性を保つ上で極めて有効であると証明されました。さらに、観光客の来場に依存しすぎないことの利点も確認できました。

今回の危機の後、あらゆる美術館は、展覧会を財政支援できる私的な予算を強く希望することでしょう。パリの文化的風景の中、あるいはより広く、フランス、ヨーロッパの規模で、展覧会の数を減らし、それぞれの期間を伸ばすことが必要になると思います。そのため、小規模予算の展覧会、あるいは自分たちの所蔵品に基づいた、つまり作品の貸与を限定する展覧会が好まれるようになるでしょう。二〇二一年に、「写真の歴史──装飾芸術美術館のコレクション」展が再開された時には、この別種の豊さを明かすことができるでしょう。

しかしながら、グループや大人数の来場者向けの活動に関してはいまだ問題が残り、公衆衛生上の規範は作品や人との接触を含む常態への復帰を阻んでいます。

オリヴィエ・ガベ館長のいうように、第二次世界大戦以降、フランスの美術館がこれほど長く閉鎖されたことはありませんでした。しかし観衆は常にそばにおり、可能な時には美術館に足を運び、そうでない時はデジタル・プラットフォームやソーシャル・ネットワークを通して質の高いコンテンツを探索し発見しました。確かに今回の危機の中で、デジタル手段はこの状況に部分的に対応することができる独創的な提案を示し、その一部は危機が去った後にも有効であり続けるでしょう。しかしながら、二度のロックダウンの合間に多くの観衆が来場したことは、作品との直接的接触は何ものにも代え難いことを裏付けています。何と心強いことでしょう！

（安達孝信訳）

注

（1）　筆者は二〇一八年十一月十五日から二〇一九年三月三日まで公開された当展覧会（直訳は「日本とジャポニスム、着想を得たもの——一八六七年から二〇一八年まで」）のキュレーターであった。

（2）　この機関は当時「工業応用美術中央団体」と名乗った。

（3）　一八五五年の万国博覧会のためにシャンゼリゼ通りの南に建てられた産業館は、一八九六年に取り壊された。

（4）　当時の贅沢品、美術工業製品の最も重要な代表者たちが機関の招待に応じた。

（5）　所蔵品の中には、江戸時代の日本の磁器と漆器にフランスの金メッキの枠組みを組み合わせた十八世紀の作品が数点ある。

（6）　工芸デザイン、グラフィック・デザイン、そしてモードの各コレクションに、日本の作品が含まれている。

（7）　本節の発表中、美術館と展覧会の写真を同時に紹介し、聴衆は装飾芸術美術館の所蔵品の豊かさを知ることができた。

（8）　学術部門には、常勤と補佐の学芸員、文書係、司書、修繕・保全部門の責任者と補佐、出版、広報、修復師、秘書など五十名ほどが含まれる。

（9）　装飾芸術美術館の以下のウェブページ上では、当展覧会や常設展に当てられたページにアクセスすることができる。www.madparis.fr

（10）　この三度目のロックダウンは二〇二一年三月十九日から四月末まで続く。

（11）　https://madparis.fr/francais/musees/musee-des-arts-decoratifs/expositions/expositions-terminees/harper-s-bazaar-premier-magazine-de-mode/

（12）　https://madparis.fr/francais/musees/musee-des-arts-decoratifs/expositions/expositions-terminees/le-dessin-sans-reserve-collections-du-musee-des-arts-decoratifs/

（13）　特に工芸品デザイン、グラフィック・デザイン、モード、宝飾、玩具の分野。

（14）　https://madparis.fr/francais/musees/musee-des-arts-decoratifs/expositions/expositions-en-cours/un-printemps-incertain-invitation-a-40-createurs/

（15） https://madparis.fr/francais/nous/autres-actualites/culturecheznous/

（16） 以下のリンクからこのプラットフォーム（フランス語）に接続できる。〈https://view.genial.ly/5fad12933497810d4ca5ac7a/interactive-content-adma-2021〉

（17） しかしながらこの推奨案は美術館の再開が四月中旬に予定されていた時期のものである。本稿執筆時（二〇二一年四月二十日）において、再開はさらに延期され未定であり、予防措置の内容も変化する可能性がある。

（18） コロナ禍以前は、このニュースレターの発行は月に一度か二度だった。

（19） https://madparis.fr/francais/nous/autres-actualites/culturecheznous/

（20） https://madparis.fr/francais/nous/autres-actualites/une-saison-au-musee-des-arts-decoratifs/

（21） アレクサンドル・アンベールが美術館居住中に撮影した短編映画はウェブ上で公開されている。https://madparis.fr/francais/nous/autres- actualites/une-saison-au-musee-des-arts-decoratifs/
彼の滞在と今回は言及していないフェニックス・グループについては以下参照。〈https://madparis.fr/IMG/pdf/cp-phoenix-alexandre-humbert-fr.pdf〉（仏語版）、〈https://madparis.fr/IMG/pdf/cp-phoenix-alexandre-humbert-en.pdf〉（英語版）。

（22） 他の八つの中には、メトロポリタン美術館や大英博物館が含まれる。

（23） https://www.youtube.com/watch?v=xELCGSjKjz0

ウィズ・コロナ時代の日本の美術館活動

遊免寛子

はじめに

令和二（二〇二〇）年、世界的に大流行した新型コロナウイルス感染症（以下、コロナ）は、人類のあり方を変容させるほど大きな影響を与えた。美術館を含むミュージアムもその波を受け、これまでの活動を見直さざるを得ない状況に追い込まれた。

本稿では、コロナの影響下での美術館の活動について、当館の事例を中心に振り返るとともに、日本の美術館で新たに試みられたいくつかの例について紹介したい。

ただし、美術館は、その運営母体や立地、規模、所蔵作品等、実にさまざまで、その活動内容も千差万別である。当館の事例は、日本の比較的大規模な地方美術館のひとつの記録であることを予め明記しておきたい。

一　兵庫県立美術館について

兵庫県立美術館「芸術の館」（以下、兵庫県美、**別図6-1**）は、昭和四十五（一九七〇）年に開館した兵庫県立近代美術館（以下、近美、**図6-1**）を前身とする美術館で、平成十四（二〇〇二）年四月に阪神淡路大震災からの文化の復興のシンボルとして、現在の地に場所を移して開館した。村野藤吾設計の近美の建物は、兵庫県美の分館という位置付けで、同年十月一日に貸しギャラリー「兵庫県立美術館王子分館　原田の森ギャラリー」（以下、原田の森ギャラリー）として生まれ変わった。また、平成二十四（二〇一二）年に、近美時代に西館と呼ばれていた展示棟をリニューアルし、十一月に当館の分館として「横尾忠則現代美術館」がオープンした。同館は、兵庫県西脇市出身の美術家、横尾忠則氏からの寄贈・寄託作品を適切な環境で保管し、多くの人に鑑賞していただくために設置された美術館である。その後、原田の森ギャラリーは平成二十九（二〇一七）年四月に耐震工事を行い、意匠を若干変更してリニューアル・オープンした。

兵庫県美は日本を代表する建築家のひとりである安藤忠雄による設計で、建物の見学を目的とした来館者も多い。令和元（二〇一九）年五月には、第一展示棟とギャラリー棟の間に「安藤ギャラリー」が増築され（**図6-2**）、安藤が設計した建築の模型や写真等の資料を展示している。兵庫県ゆ

図 6-1　兵庫県立近代美術館

図 6-2　安藤ギャラリー

図 6-3　ギャラリートークの様子

かりの美術を中心とするコレクションは現在一万点以上にのぼり、これらの作品は一階に五室、二階に三室、合わせて八室ある常設展示室で、作品を入れ替えながら「コレクション展」と銘打って紹介している。コレクション展と並行して開催している特別展では、近現代美術を中心に、古代文明からアニメーションまでバリエーション豊かな展覧会を開催し、より多くの方に美術館に親しんでいただけるよう力を注いでいる。

当館は、近美時代から、学校の団体鑑賞の受け入れや子どもを対象としたイベント、大人向けの美術講座や公募展の「県展」など、教育普及活動に力を入れていることでも知られている。学校の団体鑑賞では、コロナの感染が拡大する前は、コレクション展の展示室でギャラリートークを行ってから、自分の好きな作品を選んで絵や言葉で書き留める自由鑑賞が定番だった。特定の作品の前にクラス単位で集まって、気付いたことや考えたこと、想像したことなどを自由に話し合い、対話を通して作品に迫るギャラリートーク（図６－３）は、その後の自由鑑賞の時間に、各自が能動的に作品と向き合うきっかけを作るために始まったものだが、多様な価値観の存在に気付いたり、他者の考え方を知ったり、自らの偏見やフィルターを認識したりする機会として、学校教育の中で重視されている。それはひとりでは得られない、集団による学びと言えるだろう。

子どもを対象とした「こどものイベント」は、美術作品を鑑賞したり、制作したり、それらを組み合わせたりしたもので、家族や友達と一緒に美術や美術館に親しんでもらうことを目指し、月に一度程開催してきた。屋外彫刻の探検や冬休みの凧作りなど定番メニューもあり、小学生を中心に二十名から三十名程度の子どもたちが参加してきた。近年では、夏休み期間中に、プラスチック容器や包装紙、トイレットペーパーの芯等、日用品のうち工作に使用できるものを集め、画用紙や色紙、布、絵具やペン等の画材も準備して、それらを好きに使って自由に工作できる「オープンアトリエ」を開催し、未就学児の参加も多数あった。

また、「芸術の館」というニックネームからもわかるように、展覧会以外の芸術の紹介にも力を入れており、ほぼ毎週無料のコンサートを開催しているほか、映画や落語、レクチャー付きの有料コンサート等も定期的に開催している。

二　臨時休館中の活動

コロナの感染拡大が話題になり始めたころ、当館では、平成十四（二〇〇二）年の開館記念展「ゴッホ展——兄フィンセントと弟テオの物語」以来久々となる「ゴッホ展」を開催していた。ゴッホの根強い人気もあり館内は連日賑わいを見せ、スヌーピーで知られる『ピーナッツ』とコラボレーションしたオリジナルグッズの販売も好調で、美術館全体が活気付いていた。

しかし、令和二（二〇二〇）年三月三日に神戸市で初めてコロナの感染者が確認されたことにより、翌四日から十五日までの臨時休館が決まった。その後、休館日の十六日をはさんで十七日から再開。サーモグラフィーや消毒液の設置、看護師資格のあるスタッフの常駐、オープンヤードのスタッフのマスクとフェイスシールドの着用等、最大限の感染対策を施して再び来館者を迎えた。

しかし、十九日の夜に開かれた政府の専門家会議の見解を踏まえ、再開からわずか三日と半日間後の三月二十日午後から再び臨時休館となり、「ゴッホ展」はそのまま会期を終えることとなった。この出来事は美術館に深い傷跡を残した。「ゴッホ展」のような多くの来館者を呼び込める展覧会のことを、美術館業界では「ブロックバスター」と呼び、大規模館の多くは、このような展覧会を開催することで収支の均衡を図ってきた。当館では、これまで、ゴッホやムンクのような知名度の高い作家や、「プラド美術館」や「エルミタージュ美術館」のように有名な美術館の展覧会、あるいは「だまし絵」や「怖い絵」のようにユニークなテーマの展覧会等を開催する一方で、学芸員の調査研究の成果を活かした地域ゆかりの作家の展覧会や、日本の近現代美術をテーマとした展覧会など、大きな収益を得ることは難しいかもしれないが開催意義の高い展覧会を織り交ぜて紹介してきた。今後、多くの来館者を迎えることができなくなれば、収入の大幅な減少は避けられず、展覧会のかたちも変わらざるを得ないと思われる。

コロナの影響は、一見、それほど大きな影響を受けないと思われるコレクション展にまで及んだ。当館では、目の不自由な方に美術館の作品を楽しんでいただくとともに、目が見える方にも美術の鑑賞について考えてもらうきっかけとなるよう、作品を手で触って鑑賞する「美術の中のかたち――手で見る造形」展を三十年以上にわたり開催してきた。本展は当館の名物企画のひとつとも言えるものだが、手で触れるという点が難しく、次年度に延期することになった。

また、美術館では、近美の開館から数えて五十年を記念する特別な企画展「超・名品展」を四月十一日から六月七日に開催する予定で準備をすすめていた。しかし、その展示作業中の四月三日に、四月末までの休館が決まった。とはいえ、展覧会の開催にあたり全国から借用した作品は、ほぼ集荷を終えた段階だったので、この展覧会の展示作業は継続し、ひとまず完成させるところまで進めた。その後、四月七日に政府から緊急事態宣言が発令され、五月六日まで休館を延長することが決定する。それにより、「超・名品展」の記者説明会、開会式、内覧会等の式典はもちろん、展覧会自体を公開できない状態に陥った。

職員の勤務についても通常の二割から三割の出勤者に抑えるよう本庁から指示があり、四月十三日から交代で在宅勤務を行うこととなった。ただ、休館中とは言え、借用作品が館内にあることを考えると、通常通り作品の管理を行わなければならない。また、「ゴッホ展」が中断ののち中止となり、チケットの払い戻しを行うことになったため、その問い合わせやクレーム等で電話対応は通常時より増加し、内部はいつもより厳しい状況であったといえる。そのような中、五月四日に緊急事態措置が継続となり、改めて休館が延長されることになった。

休館中には、オンラインでの発信に力を入れた。当館では、以前から広報を目的としたフェイスブックやインスタグラムの情報発信を活発に行ってきたが、教育普及的な面でのオンラインの活用はそれほど行われていなかった。突然休館となったことで、学芸員が、「#非日常美術館の日常」というキーワードで、中断状態の展覧会の作品を紹介したり、屋外彫刻やコレクションの見所を紹介したりする文章をリレー形式で発信し、これまでとは異なるＳＮＳの活用を図った。

また、学校が休校となったことから、全国的に子どものためのプログラムをホームページで紹介する館が多数見られた。当館でも、「つながる　ひろがる　美術館」と題し、過去に開催した「こどものイベント」から、自宅で入手できる材料や道具で簡単に制作できるようアレンジした工作のプログラム「つくって・みる・ひろば」をホームページに掲載した。また、出演予定だったコンサートの出演者に無観客で演奏してもらい、その映像を公式ユーチューブ・チャンネルを開設して配信した。

三　再開後の活動

兵庫県は、五月二十一日にようやく緊急事態宣言対象区域から外れ、制限が緩和されることとなった。当館も開館準備を進め、六月二日に、企画展示室、常設展示室、安藤ギャラリーが再開されることとなった。やっと開幕した「超・名品展」は、六月七日までの会期となっており、作品の借用期間を延長することは出来なかったため、一週間のみの開催となってしまった。その後、六月十六日に、美術専門の図書室である「美術情報センター」を制限付きで開室することになる。

美術館の再開にあたり、当館では、五月二十日に発表された「国際博物館会議（ＩＣＯＭ）」のガイドライン(1)を参照するとともに、五月十四日と二十五日に日本博物館協会から出された「博物館における新型コロナウイルス感染拡大予防ガイドライン(2)」に沿って、感染防止対策を行った。また、兵庫県では、新たな生活スタイルを「ひょうごスタイル」と呼び、県民に感染予防を積極的に呼びかけている。現在も、美術館では、これらのガイドラインに沿って活動を行っている。

当館の感染対策はホームページの冒頭に掲載し、来館者へ注意を呼び掛け、マスクの着用と発熱がないこと等を入館の条件としている。入館後は手指の消毒をお願いしているが、アルコール消毒が体に合わない人もいるので、あくまでも依頼事項である（**別図６－２**）。続いてサーモグラフィーによる検温を行い、発熱が確認されなければそのまま入館となる（**図６－４**）。館内では、ソーシャルディスタンスを意識してもらえるよう、床に一定間隔を空けてテープを貼ったり、立ち止まる位置を足跡のマークで示したり、展示室までのルートをロープパーテーションで区切ったりしているほか、来館者と接する受付や改札などの場所にはアクリル板を設置している。また、万が一、館内で感染が確認された場合に備えて、来館者の代表の方の連絡先をお伺いしている（図6-5）。兵庫県では「兵庫県新型コロナウイルス追跡システム」を整備しており、LINEのアカウントやメールアドレスをお持ちの方であれば、そちらに登録していただくと感染者が発見された場合、通知されることになっている。

「超・名品展」に続く「ミナ ペルホネン／皆川明　つづく」展は、ファッションブランド「ミナ ペルホネン」の創作の原点と制作過程を、数多くの製品、資料、映像により紹介する展覧会である。その後に予定されていた特別展三本が、いずれも海外から作品を借用する予定となっており、開催が危ぶまれたため、本展は皆川さんと「ミナ ペルホネン」に特別な協力をいただき、四カ月強という美術館史上最長の会期で開催することとなった。「ミナ ペルホネン」は特に女性に人気で、当館の前に開催された東京都現代美術館には連日多くの来館者が詰めかけていた。当館でも、会期が長いとは言え、同様の状況が見込まれたので、三密回避のため、初めて予約制を導入することとなった。予約方法はインターネットと各種プレイガイドによるもので、インターネットが使えないという方には、コンビニエンスストアで直接発券してもらうか、空きがあれば当日、館で直接購入の上入場していただいた。美術館で券売する際もなるべく接触を減らすために、クレジットカードや電子マネーなどキャッシュレス払いのシステムを新たに導入した。しかし、インターネットやコンビニエンスストアの機械を使ってのチケット購入は、全ての人がアクセスできるものとはいえず、電話で受け付けて欲しいという要望も多くいただいたので、その後の展覧会では電話でも予約を承っている。

展示室では、作品を守るための温湿度管理に影響の出ない範囲で外気導入を図り、二酸化炭素濃度も定期的に計測し、ソファーは撤去するか定期的に消毒するなど環境にも最大限の注意を図っている[3]。展示室ではなるべく人と人の間の距離を取ってもらい、対話も控えるようお願いしている（**別図6－3**）。

もちろんスタッフや出入りの事業者の方にも、通用口で検温、消毒を行っている。執務室の空調にも外気を取り入れ、会議の際は窓を開けたり、大声を出さなくても済むようにマイクを使用したり、日常的に小さな努力を積み重ねている。そのおかげか幸い現在のところ館内での感染は確認されていない。

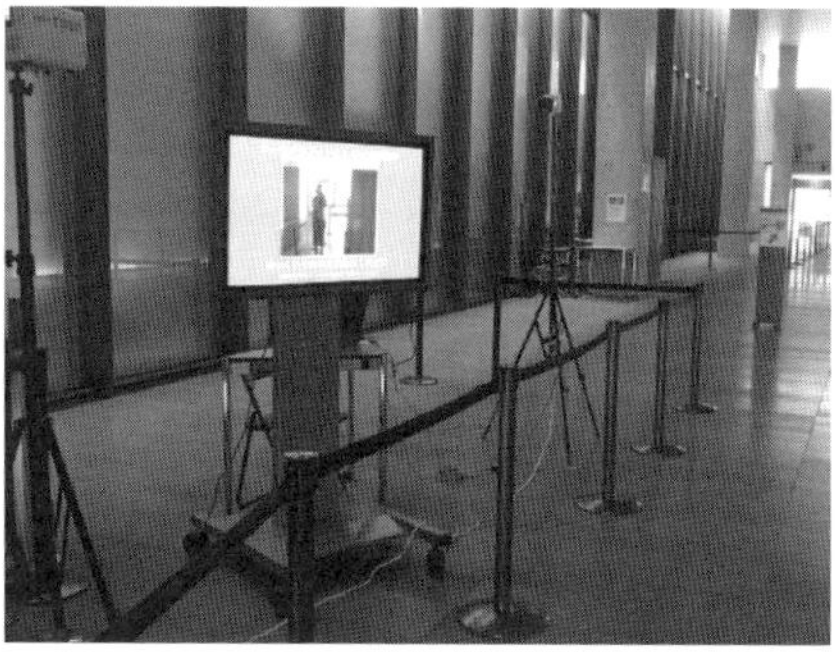

図6-4　サーモグラフィー

図6-5　個人情報の記入用カウンター

四　コロナ禍での新たな試み

（1）展覧会

毎夏、原田の森ギャラリーを会場に開催している公募展「県展」も、作品受付や返却作業の際に密が生じるということで中止になった。その代替展として、急遽「開館五十周年　超・ポスター展」が企画された。本展は、近美時代から現在までの五十年間に開催された展覧会のポスター約三百点を展示したもので、在籍している学芸員達が、それぞれ関わった展覧会について、思い出やエピソード等の文章を添えた。文章には、裏話やこぼれ話が多く、来場者に大変好評だった。アンケートには、展覧会にまつわるご自身の思い出がたくさん書かれており、近美から兵庫県美へ至るまで、みなさんの人生と美術館との関わりがわかり、大変感銘を受けた。ただ、急な決定だったため、準備時間も広報も十分とは言えず、会期も約一週間と非常に短かく、その点が残念であった。

令和二（二〇二〇）年度の下半期に予定されていた特別展はほぼ全て延期あるいは中止となったことは既に述べたが、その穴を埋めるため、急遽コレクションを活用した特別展を開催することになった。それを受け、下半期の特別展を担当する予定だった学芸員たちがチームを結成して実現したのが「開館五十周年　今こそＧＵＴＡＩ　県美の具体コレクション」展である。「具体」というのは「具体美術協会」というグループの略称で、昭和二十九（一九五四）年に芦屋市で結成された。具体は非常に前衛的な作品を発表していたことで知られており、現在では戦後の日本美術を語る上で欠かせないグループとして、「GUTAI」というアルファベット表記で世界的に通じるほど国際的にも高く評価されている。当館は、優れた具体のコレクションを有する館として知られており、今回の展覧会では、性別にかかわらず作品で評価した具体の、当時としては珍しい特徴に目を向け、外部から一部作品を借用して、女性作家の作品を数多く展示した。また、開館五十周年ということで、当館の具体コレクションの形成の歩みについても作品や記録写真などで振り返った。

展覧会に関連するさまざまな催しは、至近距離での触れあいを要する事業は中止となり、トークイベント等はオンライン配信に切り替えたり、定員を絞ったりして行うこととなった。

（2）教育普及

美術館の再開から一足遅く開室した美術情報センターは、制限を段階的に緩和しながら再開した。当センターは、美術を中心とした様々な芸術分野の図書や資料を十万点以上所有しており、来館者に無料で情報を提供している。資料の閲覧のほか、全国の美術館の展覧会ポスターの掲示やチラシ等の配架を行い、配架物は自由に持ち帰ることができる。再開当初は、冊数と時間を制限し、来館前に閲覧希望図書の申請をお願いしていた。本棚のエリアは立ち入り禁止とし、書籍検索用のPCの利用も停止した。さらに、チラシやDMの配架も取りやめ、感染リスクを減らした。現在は、一部制限は残っているが、予約なしで入室可能となっている。また、チラシの配架も再開した。なお、司書によるレファレンスは、カウンターにアクリル板を設置し、直接対面しない工夫を行っている。

学校の授業での活用を目指して特別展ごとに開催している教員向けの解説会もオンラインで行うこととなった。当解説会は、担当の学芸員による展覧会の解説と、教育普及担当職員による学校を対象とした教育普及活動を紹介し、特別展とコレクション展を自由に鑑賞してもらうもので、通常は学校が休みの土日に開催してきた。本解説会も一旦は中止の方向で動いていたが、学びの機会を維持するために、学芸員の解説動画を申し込み者に限定配信するという形式で行うことになった。解説動画は、パワーポイントの画像に、学芸員が音声を吹き込み、動画としてデータを出力したもので、比較的簡単に作成できる。解説用のパワーポイントは、ミュージアム・ボランティア（以下、ボランティア）が土曜に行う特別展のスライド解説会で使用するために学芸員が作成しているものであり、この方法であれば学芸員の過大な負担にはならず継続できると考えた。本動画は、教育普及用のユーチューブ・チャンネルで限定配信している。事前申し込み制の限定公開にしたことで、視聴者を把握することができるので、やりがいにも繋がっている。

さらに、新たな試みとして、所蔵作品の公式ガイド「兵庫県立美術館　コレクション・ナビ（略してコレナビ）」を作成し、アプリ「聴く美術」にて無料で配信した（図6-6）。スマートフォンやタブレット利用者限定ではあるが、来館時に作品の前でガイドを聞くことができる。本ガイドは日本語と英語の二カ国語で、音声と共に文字も表示されるので、耳の不自由な方にも利用いただける。また、ほとんどのガイドには作品画像が付いているので、美術館以外の場所でも楽しんでもらえる。なお、本アプリを館内でもダウンロードしてもらえるよう、この機にエントランスを中心としたエリアのWi-Fi環境の整備も行った。本ネットワークは、災害時の緊急連絡用としての目的も兼ねている。

また、令和二（二〇二〇）年度は、阪神間にある芦屋市立美術博物館と白鹿記念酒造博物館と連携して、学校の教員向けの研修を開催することになっていた。しかし、それも開催が困難であると判断し、計画を中断することになった。その代替案として、学校現場を支援するために、自宅や学校で活用できるワークシートと、教員や保護者向けの学習支援用の解説シートを作成することになった。これまでの各館の学校の利用状況や学習目的を踏まえ、白鹿記念酒造博物館は小学生向けにお酒ができる工程を学べるものを、芦屋市立美術博物館は中学生向けに地域ゆかりの美術グループ「具体美術協会」の一員でもある元永定正の抽象絵画を取り上げたものを、当館は高校生向けに当館のコレクションから、野村仁による鳥の群れを映した写真を楽譜に変換して演奏した作品《'Grus' Score》を題材にしたものを作成した。今回、解説シートを作成したのは、これまで教員や保護者から、指導の難しさを訴えられることが多かったからである。子どもたちの学習支援を十分に行うためには、それを支える大人への支援

図6-6　所蔵作品の公式ガイド

がより必要だと考えた。これらのシートは、印刷物の配布が控えられていた時期であったことと、夏休み中の活用を目指していたので、データでの公開とした。なお、シートは各館のホームページから無料でダウンロードできるようになっている。

五　体験的な学習のかたち

（1）学校教育との連携

学校の団体鑑賞は、緊急事態宣言を受け、全国の学校が休校になったことで、既に予約があった分は全てキャンセルとなった。学校再開後もしばらくは校外学習が許されなかったため、第一学期中は一校の来館もなかった。美術館でも、開館後しばらくは団体での来館はご遠慮いただくこととなった。七月三日に開幕した「ミナ ペルホネン展」は、高校、専門学校、大学等でファッションやデザインを専門に勉強している生徒や学生の受け入れ依頼が多く、二十名以下のグループに分かれて、美術館の予約専用サイトで事前予約の上、一般の来館者と重ならないよう時間差を設けて入場していただいた。「コレクション展」は、鑑賞者が比較的少ないこともあり、感染のリスクは低いと判断し、コロナの感染が広がる前から予約のあった団体のうち、キャンセルにならなかった九月四日の小学校から受け入れを再開した。

再開にあたっては、県のガイドラインと日本博物館協会のガイドラインに則り、制限を設けて受け入れることになった。まず受入人数については、レクチャーを行う部屋の定員の半数を目安に設定した。最も大きなミュージアムホールの定員が二五〇名なので、その半数の一二五名が最大受入人数となる。実現の前には、さまざまな課題があり、館内の調整に多くの時間と労力を費やした。まず館の方針があり、それに従い現場で運用するというのが通常の流れだが、誰も経験したことのない状況で、県の方針には「学校団体の受け入れを再開すること」とあるものの「感染対策を徹底したうえで」という条件付きであり、その「感染対策を徹底する」ということが具体的にどのようなことなのか誰にも判断できなかった。

いずれのガイドラインにも、大枠は示されているが、数値基準等の具体的な指示はどこにもない。そのため、さまざまな対策を行ったとしても一般の来館者へのリスクが本当にないと言えるのか疑問視する声もあった。そこで、実際に対応する現場のスタッフがモデルを作り、それを館内で検討し、課題を炙り出して修正するというプロセスを繰り返し、考えられるリスクを最小限にした形でようやく実現した。

まず、展示室の滞留可能人数について、ガイドラインを参考に算出し、一般の来館者も入場できる余裕を持たせて学校枠の受入可能人数を決定した。展示室はそれぞれ大きさが異なるので、最も狭い展示室の制限人数を基本とした。それから、その制限人数を守るために、完全入れ替え制（以下、ところてん方式）で鑑賞してもらうことになった。

ところてん方式では、展示室から展示室への移動の際に重ならないことが肝要である。一グループ

（当初二十名、現在は三十名）にひとりのスタッフが付き、ツアー形式で案内することになった。学校の教員にも一グループにつき最低ひとりは付いていただき、移動時に子どもたちがはぐれないように後方の見守りと、展示室でのマナー及びコロナ対策の見守りをお願いした。

展示室では、鑑賞を少しでも能動的なものにしてもらうため、展覧会のテーマに合わせて、展示室毎に考えた「問いかけ」をスタッフが静かに掲げて見せる、名付けて「サイレントお題」を新たに考案した（**別図6-4**）。例えば、「二〇二〇年度コレクション展Ⅱ　視覚遊戯――美術と目の愉しいカンケイ」では、第一章が「戯れのまなざし」というテーマで、思わず触れたくなるような、表面の仕上がりや質感が特徴的な作品をまとめて展示していたので、「さわり心地を想像して、文字で表現してみよう」とした。お題を出すと、本当に触ってしまうのではと心配するほど熱心に見てくれる。

また、次の展示室では、「現れた力と運動」というテーマで、重力や運動のような姿や形の無いものを表現した作品がピックアップされており、特にこの部屋では「力学」という名のもとに、まるで重力に反するかのように見える植松奎二の作品がまとめて展示されていたので、お題は「なにか不思議？　なにが不思議？」とした。子どもたちは、ある作品を見て、何か仕掛けがあると考えていたようだが、重力とバランスによって成立していることがわかると、非常に驚き、ほかの子を呼んできて熱心に鑑賞する姿がしばしばみられた。

展示室では会話は控えるというルールにしているが、「サイレントお題」を出すと、それに対する答えを教えに来てくれる子もいるし、お題や作品についての質問を受けることもある。それに対し

図 6-7　屋外彫刻鑑賞ルート

て何も反応しないわけにはいかないので、結局、小さな声で話すことになる。今回、実際に対応した中でわかったことは、子どもたちに黙って鑑賞してもらうことなど（特に関西では）不可能だということだ。また、我々スタッフも黙って対応することは不可能だということもわかった。そしてそのささやかなコミュニケーションが、我々にとってかけがえのないものとなったのも事実である。今回の「ところてん方式」では、限られた人数をツアー形式で案内していることもあり、子ども達とは物理的には距離を置いていたとしても、心理的にはいつもより近い距離で鑑賞できているように感じた。

来館者と館内ですれ違わないことを第一目的とした「屋外彫刻鑑賞ルート」は、

開放的な屋外で彫刻を見るという体験が思いのほか楽しいようで、小学生にも中学生にも大変好評であった（図6-7）。石の作品は座ることができるし、風で動く作品は、晴れていれば作品の動く影を追うこともできる。建築も楽しむことができる屋外は、展示室とはまた違った魅力がある。とある中学校の生徒は、新宮晋の風で動く彫刻《遥かなリズム》を見て、「あれは風見鶏と同じで、見えない風の動きを見せる作品ですね」と伝えに来てくれた。それはまさに作者が伝えたかったメッセージでもあった。この屋外ルートは、冬場・夏場の過酷な時期や雨天時は難しいが、条件が適えば、コロナ後もメニューのひとつとして残そうと思っている。

また、ところてん方式により生じる鑑賞前後の待ち時間は、どのタイミングで見ても問題のない内容で、スタッフが誰でも対応できるよう、パワーポイントのスライドショーを映写することにした。画像は、実際に鑑賞する作品と、その日は鑑賞しないがぜひ紹介したい作品にした。実際に鑑賞する作品は、鑑賞前のモチベーションアップとして、また鑑賞後のふりかえりとなる。また、その日に鑑賞しない作品は、当館を代表するふたりの画家、金山平三と小磯良平の作品に絞り、郷土の作家について知ってもらう機会とした。ふたりの作品は二階の常設展示室にそれぞれの記念室があり、いつもは一階と共に鑑賞してもらっているのだが、二階をルートに加えると、狭い階段を往復する際に三階から降りてきた特別展の来場者とすれ違うことになることに加え、一階は出入口が別々のほぼ一方通行になっているのに対し、二階は出入口が一つしかなく、展示室内での動き方がより複雑になることから、今回は残念ながらルートから外した。スライドショーは、実際に行っているうちに、作品画像だけでは集中力が持たないことがわかってきたので、作品に関するクイズやミニ解説なども交えて紹介するようにした。なお、団体利用については、一般の来館者が来館日時を選択できるように、事前にホームページの「お知らせ」欄に掲載し、当日は、券売と改札に滞在時間を掲示している。

ところてん方式では、全体のスケジュールを考えると、ひと部屋の鑑賞時間が五分から十分とかなり短くなる。しかし、時間制限と問いかけが相乗効果を生み、いつもより集中して鑑賞できたとか、お題を出すことにより、これまでより展示テーマを意識して鑑賞したので作品をよく理解できたという声が聞かれた。また彫刻のインパクトに驚いたという声も多かった。これは、ギャラリートークを行っていた時には聞かれなかった感想である。ギャラリートークを行う場合は、作品のある場所までスタッフが案内しており、作品に自ら出会うわけではない。このことは、鑑賞の際に重視すべき、自ら出会う体験や初見の新鮮な印象を奪ってしまっていたことを示している。当たり前だが自分のペースで作品に出会うことの重要性をこの新たな鑑賞のかたちは我々に教えてくれた。

このほか、中学校から大学生の職場体験や、前年度より開始した高校生との連携プログラムは、学校の方から中止の連絡があった。一部の学校は、書面や電話でインタビューを行うという方法でカバーしようと努力されていたが、当然、実際の体験には代えられず、学校現場の苦労が窺われた。他方、博物館実習は、学芸員資格に関わるものであり、当館での実習がなければ資格を取得できなくなる学生が出ることが予想されたため、館内で協議の上、学習機会を確保することを最優先とし、感染が収まりかけた秋に時期を変更して、なるべくリスクを軽減する内容に変更して実施した。

（2）館主催の教育普及事業

これまで月に一度は開催してきた「こどものイベント」は、八月から、五組程度に参加人数を絞り、三密を避けた内容に絞って再開した。現在は二、三カ月程度に一度というペースで開催している。

そのような中、新たな試みとして、開館五十周年記念事業として行う予定だったこどものイベントの特別企画を、「今こそＧＵＴＡＩ」展の関連イベントとして開催することになった。「はがき（メール）アートでコンクール！」と題した特別企画は、具体の作家も手掛けた「メールアート」[4]にヒントを得た事業で、往復はがきに作品を描いて送ってもらい、審査後、美術館に展示し、その後作品を返信して返却するというものである（図６－８）。人と人が接することなく行える本事業は、大人数の参加者を集められない美術館にとって、久々にたくさんの子どもたちの作品に触れられる嬉しい機会となった。こどものイベントのリピーターや近くに住む子どもたちはもちろん、学校や美術部、他府県の絵画教室の参加もあり、具体の作家に負けない個性的な作品がたくさん集まった。受賞作品をはじめ全ての応募作品は、一月二十六日（火）―二月七日（日）に「今こそＧＵＴＡＩ」展の最後のコーナーに展示し、受賞作品は当館のホームページに掲載した。会期中には、たくさんの来館者が足を止め、思わず笑顔になる光景をしばしば目にした。また、週末には参加者が保護者とともに美術館を訪れることも多く、久しぶりに休日の美術館に子どもたちの姿が戻ってきた。

三学期に、偶然、中・高校生部門で館長賞を受賞した生徒が通う中学校へ出張形式の授業の「出前授業」でお邪魔することになった。そこで美術の先生に応募の経緯を聞いてみると、その子は、美術の授業で習ったペン画に夢中になり、家でずっと描いていたとのこと。せっかくなので何かの機会に自分の作品を発表したいと思ったらしく、美術の先生に相談されたようだ。それが、偶然にも当館のコンクールのポスターが学校に届いた翌日だったらしく、早速先生がこのコンクールを勧めてくださった。その学校には美術部が無いが、美術室の前に生徒が自主的に制作した作品を発表できるコーナーがあったり、地元のデザイナーを招いて一緒に制作する機会を設けたり、日ごろから生徒の意欲を引き出すさまざまな工夫がされていた。今回の受賞については、学校もご家庭の方もとても喜んでくださったそうで、校長先生がお手製の盾を準備されているほどだった。そこには、先生方の深い愛情が込められていて、胸が熱くなった。

図 6-8 「はがき（メール）アートでコンクール！」のポスター

近美の開館の翌年から続く「美術講座」は、令和元（二〇一九）年度の後期講座が、三月上旬の臨時休館の影響で、一講座のみ最終回まで開講できず、令和二（二〇二〇）年度の前期講座も中止となった。そして、十月からの後期講座から開講することが出来た。こどものイベントでは制作系のワークショップは再開していなかったが、美術講座は大人向けであり、参加者の協力でリスクを軽減できると判断した。再開にあたり、外気を導入して空気を十分に入れ替えるとともに、講座の前後に机と椅子を消毒することにした。また、以下の点に留意した。

・受講生同士の会話は極力控えていただく。
・道具の貸し借り、共有は必要最低限のもの（エッチングのプレス機など）を除いて行わない。
・講師の手許や見本を見せる場合は書画カメラとプロジェクターを使用し、一カ所に集まらない。
・マイクとスピーカーを設置し、講師が大きな声を出さなくてもよいようにする。

受講生には高齢者も多く、美術館と受講生と講師のいずれも不安を感じつつの再開であったが、制作に取り組まれる受講生のみなさんの生き生きとした表情を窺っていると、開講できて本当に良かったとも思えるのだ。

それまで無観客演奏の映像を配信していたコンサートは、十月二十四日からお客さんを迎えて再開した。ただ、これまでは毎週開催していたが、回数をほぼ半数に減らし、収容人数もこれまでの半数以下に絞っている。

また、教育普及活動のひとつとしてのボランティアの活動にも触れないわけにはいかないだろう。当館はボランティア活動も活発で、令和二（二〇二〇）年度は二五〇名の方がボランティアとして登録されていた。六月の美術館再開後、ボランティア事務局会議を開催し、ボランティアの世話役と美術館の担当者が今後の活動について協議した。その結果、リスクの低い活動から再開することとなり、新聞や展覧会のハガキの整理などを行う「資料班」の活動が、少人数（基本的には二人以下）で七月から再開することとなった。しかし、コレクション展のガイドツアーを行う「解説班」やこどものイベントの補助を行う「こども班」は、まだ本来の活動の再開には至っていない。そんな中、解説班では、各自のスキルアップを目指し、内部で研修を行うことになった。しかし自粛期間が一年を過ぎ、やはり来館者への解説の機会が欲しいという声も強く、現在、ガイドツアーに代わる解説の形を探し模索中である。こどものイベントを補助する「こども班」は、三カ月に一度開催される班会に合わせて短時間の研修を行う程度だったが、イベント再開に備えて、工作材料の分類・整理作業や画材の点検等を少人数で行う案が出た。全てのボランティアが参加できる特別展のスライド解説は「今こそＧＵＴＡＩ」展から、定員を絞って再開した。これは、学芸員が作成したシナリオに従いパワーポイントの画像を投影しながら特別展の見どころを解説するもので、事前に担当学芸員による説明会と練習日を設け、特別展開催中の毎週日曜の午前十一時から実施している。会場の案内などの補助もボランティアが行うため、解説担当と補助担当と合せて毎回複数名のボランティアが活動している。

六　他館の事例

では、全国の美術館はどのような状況だったのだろうか。日本の美術館で試みられたさまざまな活動の中から特徴的なものを紹介しようと思う。まず、ミュージアムという大きなくくりで見ると、美術館より博物館の方がより早く動きだした印象がある。緊急事態宣言で全国の学校が休校になったことから、北海道博物館では、子どものためのオンライン上のプログラムを「おうちミュージアム」と名付け、子どもたちが自宅で楽しく学べるアイデアをホームページで伝えた[5]。そして、同様の活動を行っている全国のミュージアムに連携を呼びかけ、多くのミュージアムが「おうちミュージアム」の活動に参加した。

美術館でも、オンライン・プログラムはさまざまなかたちで展開された。代表的な例は以下のようなものである。

(1) 展覧会

休館中に開催されていた展覧会をとりあげ、動画で紹介するものや、作品画像と解説文をSNSや館のホームページに掲載したりするものが多かった。学芸員が展覧会の解説を行う「学芸員トーク」や、展示室で行っていた解説ボランティアによる「所蔵作品紹介」などの動画のほか、解説ボランティアが所蔵品ガイドをオンラインで行う「オンライン対話鑑賞」など、さまざまなコンテンツがある。東京国立近代美術館のオンライン対話鑑賞は、大人向けの対話を用いた鑑賞プログラムで、普段展示室で行っているものをオンラインで行うために、ガイドスタッフと美術館担当者が十分に話し合い、時間をかけて実現された。私も体験してみたが、一緒に参加された方と共に、いろいろな意見を出しながら楽しく作品を鑑賞することができた。しかし、取り上げられた作品を実際に見たいという強いフラストレーションも同時に感じたことが印象に残っている。

また、緊急事態宣言解除後は、多くの館で予定されていた展覧会が中止あるいは内容の変更を余儀なくされた。館の所蔵品を活かした展示を開催したり、日本の美術館のコレクションで構成した展覧会を開催したり、作品のない展示室の空間を見せる展覧会[6]等、困難な状況を逆手に取った展覧会も開催された。

当館の場合、海外から作品を借りて行う展覧会は全て次年度以降に延期となったと述べたが、その理由は、作品を借用する場合、所蔵館の職員が移動や展示に立ち会うことが条件となっていることが多いためである。たとえ作品輸送が可能となっても職員が移動できない今回の世界的な感染拡大は、その点が最大のネックとなっていた。そんな状況でも一部の国際展は開催された。それらの展覧会では、職員による確認をオンラインで行ったり、一定の待機期間を計算して早めに移動してもらったり、かなりイレギュラーな対応を行ったようである。

(2) 関連事業

当初行われる予定だったものを、ライブか収録で配信する形が主流であった。収録の場合、本来は参加している一部の人しか聞けないものを、一定の期間内であれば、いつでも誰でもどこでも視聴できるという利点がある。また、著作権の処理を行っていれば、アーカイブ資料として継続して公開することもでき、より多くの方に作品や作家について知ってもらう機会を増やすことにもなる。

（3）ワークショップ

館の職員が、過去に実施されたプログラムを基にしたワークショップを紹介したり、アーティストを講師に迎え新たに開発したワークショップを紹介する館が多かった。料理番組のように作り方を動画で配信するものや、ホームページにワークシートやキットを掲載し、ダウンロードして自宅で使用できるもの、あるいはそれらを組み合わせたものなどが主流で、ワークシートやキットについては館で配布したり、通信販売したりするところもあった。

また、オンラインで参加者と双方向で、ライブでワークショップを開催する館もあった。作品の画像を画面に映し、気付いたことを話しながら鑑賞したり、作家を講師に迎え、鑑賞した作品に関連するものを作ったりする。いずれも教育普及担当の学芸員やボランティアがファシリテーターとなり、参加者に話しかけたり、意見を引き出したりして、参加者と作品、講師をうまくつなげ、一体感をうみだす工夫をしていた。

（4）館の資源

所蔵品のガイドや館内のヴァーチャル・ツアーなど、美術館が持っている資源を紹介するものも多くみられた。それらの中には、すでに館のホームページや「Google Arts & Culture」で公開されていたものも多い。また、館で出版されているニュースレターや研究紀要などをホームページで公開する館も増えており、今回の臨時休館は、それら既にあるコンテンツを改めてアピールする機会ともなった。
さらに、過去に開催された講演会の記録動画を臨時休館中に限定して公開する館もあった。映画や舞台でも同様のことが行われていたが、ここには臨時休館中に少しでも来館者とつながりを持っていたいという美術館のメッセージが感じられる。

(5) ホームページ

当館のように、展覧会関連事業は展覧会のページに、教育普及事業は学びのページにと内容によって掲載ページが異なる館が多いが、多様なオンライン・プログラムをひとつのページにまとめて掲載し、アクセスしやすく工夫している館もあった。また現在はホームページよりSNSによる発信に力を入れている館が目立ち、それらをうまくつなぎ合わせている館も多い。ほとんどの館でフェイスブックやツイッター、インスタグラム等のSNSのうちいずれかを活用しており、中にはLINEアカウントを持っている館もある。また、動画を発信している館の多くが、ユーチューブの公式チャンネルを開設した。

ミュージアム全体で見ると、新たに作成されたオンライン・コンテンツには子ども向けのものが目立つ。これは、特に自然科学系の博物館では主な利用者が子どもや家族であるということに加え、学校が休校した影響が大きいと言える。学校での学びの機会が失われるかもしれないという事態に直面し、大きな危機感を抱いた教育普及関係者は多い。「おうちミュージアム」の活動のように、オンライン・コンテンツには学習の機会を守りたいという各館の強い思いが感じられる。

七　課題

館の運営面においては、前述したように、多くの来館者を呼ぶ興行的な展覧会が開催できなくなることにより、収入の大幅な減少が見込まれる。人数制限を行いながら利益を得るためには、入場料や参加費を高く設定するか、図録や関連グッズなどの売り上げに頼るか、外部資金を調達するしかない。しかし、本来重視すべきコレクション展より、集客を目指した興行的な特別展の開催に力を入れる日本の美術館の姿に、これまでも批判の声があったのも事実である。今回のコロナは、「美術館は何のために、誰のためにあるのか」という根源的な問いを改めて投げかけている。博物館は原則として、誰にでも開かれた場所であり、本来は無料で公開すべき場所であるということを忘れてはならないだろう。

鑑賞のかたちもコロナによって変わらざるを得ない。現在、当館の展示室では、感染予防のため、誰とも話をせず、小さな子ども連れやサポートが必要な方以外はひとりずつ距離を取りながら鑑賞してもらうようお願いしている。コミュニケーションを重視してきた教育普及担当者としてはとても残念に思っている。とはいえ、静かな空間で作品に向き合いたいという方も一定数いることも事実で、そのような方にとっては、今の美術館は理想的な鑑賞環境であると言える。実際、アンケートにも、予約制によりゆったり鑑賞できたという肯定的な意見が多くみられた。

教育的な面では、リアルな活動の中で、対話ができない、ふれあえないことが、活動の範囲を大きく狭めた。特に学校の団体鑑賞では、大人数による学びが最も重要な部分といえる。さまざまな人と一緒にコミュニケーションしながら鑑賞することには、それぞれの価値観の交換や共有等、ひとりでは得ることの出来ない気付きや学びがあり、当館はこれまでそれを重視してきた。他者と共に学ぶ機会が失われていることは最も大きな問題であると言えるだろう。他者との触れあいの中から得る学びほど大きなものはない。

また、このコロナ禍で一気に進んだオンラインによるコンテンツの発信は、一方通行になりがちな点が課題として残る。一方通行の配信は技術的にも取り組みやすいが、やはり参加者からのフィードバックが必要だと痛感している。とはいえ、双方向のプログラムをオンラインで開催することは、館の通信環境や機材などのハード面の整備が必要で、やる気があればできるというものでもない。学校でも、美術館でも、個人のレベルでも、双方向のプログラムを使いこなすには、まだまだ理想にはほど遠いというのが現状である。

おわりに

オンライン・プログラムは、これまで難しかった遠方の人や、何らかの事情で美術館に行くことが難しい人と繋がることを可能とした。また、実際来館しても、見ることができない角度から作品を見たり、肉眼では確認できないほどの高精細の作品画像を提供したり、新たな鑑賞の体験を生み出している。オンラインは、美術館にハードルを感じているより多くの多様な人たちとの繋がりを生み、リアルな体験へと導く可能性を秘めている。

一方、作品の質感やサイズ、立体感など、デジタルに置き換えることが困難な要素が美術館にはたくさんある。そして美術館という場に身を置くこと自体が好きな人もいる。そのリアルな体験に置き換わるものは現在のところまだ見つかっていない。

とはいえ、コロナが収束しても、オンライン化の流れが後退することはないだろう。これからは、オンラインとリアル、それぞれの良さを活かした新たな美術館活動が生まれるだろう。美術館は、コロナであろうとなかろうと、全ての人に開かれた場でなければならない。これまでの美術館は、一部の美術が好きな人のための場所になってはいなかっただろうか。これからは、オンラインというツールを活かしてさまざまな場所に美術館に繋がる窓を作り、多様な人々が気軽に触れられるようにしなければならない。そして、それと並行して、オンラインに対応できない多くの人々に、アナログの窓も開いておくということも忘れてはならない。

この一年間でわかったこと、それは、制限があるからこそ生まれるもの、気付くことがあるということだ。これまで当たり前のように行ってきたことが、本当にベストな選択だったのか、他の可能性を潰していなかったか、考えることを怠っていなかったか、それはどのような状況であっても忘れてはいけないことだろう。誰もとりこぼさないミュージアムのあるべき姿を目指し、ミュージアムはこれからも模索し続ける。

注

（1） *COVID-19 Museums and end of lockdown: Ensuring the safety of the public and staff*, 二〇二〇年五月十二日：https://icom.museum/en/news/museums-and-end-of-lockdown-ensuring-the-safety-of-the-public-and-staff/, ICOM：国際博物館会議。

（2） 博物館における新型コロナウイルス感染拡大予防ガイドライン、令和二年五月十四日、令和二年五月二十五日改定、令和二年九月十八日改定、公益財団法人日本博物館協会。

（3） コロナ禍での当館の展示室の空調管理については以下を参照。横田直子「事例報告　新型コロナウイルス感染症対策に伴う空調システムの運用について」、『兵庫県立美術館研究紀要　第十五号』兵庫県立美術館、二〇二一年。

（4） メールアートとは、郵便手段を通じて表現活動を行う美術の形式のことである。葉書や手紙を使いてイメージやテキストを送付する。具体美術協会の嶋本昭三は、一九五五年に創刊された機関紙『具体』を送付したことが知られている。

（5） 北海道博物館のおうちミュージアムのホームページ：https://www.hm.pref.hokkaido.lg.jp/ouchi-museum/

（6） 世田谷美術館では、開催中止となった展覧会の空白期間に、何も展示していない状態の展示室を見せる「作品のない展示室」を開催。また本展では、世田谷美術館の特徴的な活動でもある、音楽、演劇といったパフォーマンスのアーカイブコーナーが設けられ、クロージングに「明日の美術館をひらくために」と題したパフォーマンスも行われた。

＊　全ての情報は、二〇二一年四月末現在のものである。

「COVID-19」時代のサッカー産業
――ヨーロッパ五大プロサッカーリーグを中心に

徐炯旭（ソ・ヒョンウク）

はじめに

サッカージャーナリストとして世界を駆け巡って二十年が経ち、サッカーの社会的価値についてますます注目するようになった。職業上、欧州サッカーに関する話題を主に扱っていると、サッカーというスポーツが持つ汎地球的な影響力とコミュニティへの貢献の意義を多様な側面で感じることができる。日頃、ヨーロッパのほぼ裏側の韓国で生活しているので、地理的・文化的な要因から欧州サッカーに対する実感が足りないかもしれない。だが、逆に韓国を基盤にアジア地域にいながらにして、ヨーロッパ五大リーグに代表される最高峰のサッカーリーグの影響力を体感できるのは長所とも言える。

これまで、二〇〇二年の日韓ワールドカップから二〇一八年のロシアワールドカップまで五回のワールドカップ、またその間に開かれたヨーロッパ選手権大会、プレミアリーグ、チャンピオンズリーグなど欧州サッカーの現場を直接取材する機会を持つことができた。二十一世紀のサッカーの歴史が形成される現場で重要な瞬間を目撃してきた経験は、本発表の土台になっている。

二〇二〇年以降、世界は「COVID-19（新型コロナウイルス感染症）」というかつて経験のないパンデミックの影響下に置かれている。サッカーも同じく、人と人の接触を何より危険視する環境の影響を受け、大きな打撃を受けてきている。観客席からはファンの姿が消え、競技場からはCOVID-19の猛攻に晒された選手たちが一人また一人と離脱していく。いつの間にか、欧州サッカーをはじめとする全世界のスポーツは、大会やリーグが中止になったり、続行されるとしても「現地観戦」よりテレビやスマートフォンなどを通した「視聴」が主な消費形態として定着し始めたりしている。サッカーチームを運営する経営陣にとって、入場料をはじめとする「マッチデー収益（matchday revenue）」〔入場券の他、グッズの販売、入場者の飲食などの売上〕は以前のように絶対的な収益基盤とはならない時代になった。

このような「収益基盤」の変化は、産業面においてサッカーというスポーツを根本から揺さぶる要因となっている。通常サッカー産業では、「営業日」と呼ばれる「試合日（マッチデー）」が売上の中心であり、チーム経営の基盤であった。このような見方は今もまだ有効であるものの、試合日を中心に全てがまわる既存の運営方式に大きな変化が生じていることは否定できない。

このような流れの中で、この二〇二一年四月中旬、ヨーロッパの十二のビッグクラブ[1]が集結し、UEFA（欧州サッカー連盟）に反旗を翻して「自分たちだけのリーグ」である「スーパーリーグ」の創設を宣言するという、サッカー界における重大事件が起こった。マッチデー収益を生む地元のファン中心の運営から、世界中のサッカーファンの拡大を促進するテレビ放映権料とスポンサーシップによる売上を中心とする収益構造へと、クラブ運営の核が変化していることの傍証である。いくつかのチームの離脱によりスーパーリーグ創設の計画は頓挫したが、エリートサッカーチームたちの「脱地域的」なマーケティングの変化は時代の流れであり、COVID-19によって加速化している改革の流れであるといえよう。

一　消えた観客

サッカーがいち早くプロスポーツとして定着し世界的な人気を得ることができたのには、単純にも見えるゲームの仕組み自体が大きな役割を果たした。ある程度広さのあるスペースとボール一個さえあれば、何人集まろうがサッカー（またはそれに類似したスポーツ）を思う存分楽しむことができるからである。オフサイド、ハンドリングなど反則規定に対する高度な理解が必要なところも確かにあるが、基本的に単純なルールと目標（ゴール）からなるスポーツであるということは、サッカーが持つ競争力のうちの最大のものだ。

しかしCOVID-19の時代に入り、サッカー界は相互に距離を置いてプレイができるその他のスポーツ、例えば野球、バレー、テニスなどに比べ、観客はもちろんプレイヤーが感染の危険にさらされる恐れが高いという点で、試合の開催や観客の入場に際して非常に強力な隔離策と禁止措置を並行して実施してきた。もちろん、厳しいパンデミックの情勢が峠を越えワクチンの普及が進むにつれ、グラウンドの再開放の気運が高まったものの、一年を超える長い休眠期間を考えると、かつての大観衆をグラウンドに呼び戻すことができるかは確信できない。

未だに多くの国では、ファンの全面入場を許さないまま競技場の観客席は十分の一程度だけが開放されている。一年ずつ延期された大規模大会、たとえば二〇二〇年東京オリンピックやユーロ２０２０（European Championship）は、開幕予定日が迫るなか通常開催を確信できない厳しい情勢が続いている。

COVID-19の時代にサッカーが大きく注目される背景には、先ほど言及したサッカーの競技的な特性以外に、世界規模で影響力を持つスポーツであるということが挙げられる。よく知られているように、サッカーは世界で最も多くの人々が楽しむスポーツである。二〇二一年三月一日現在、世界で最も多い加盟国を誇る団体がまさにＦＩＦＡ、国際サッカー連盟なのだ。

・ＵＮ（国際連合）――一九三カ国
・ＩＯＣ（国際オリンピック委員会）――二〇六カ国
・ＦＩＦＡ（国際サッカー連盟）――二一一カ国

FIFAは、国際連合（UN）や国際オリンピック委員会（IOC）のような超国家的な巨大機構よりも、さらに多くの国々が加入している国際機構である。COVID-19の蔓延がなかったら、今この瞬間にも地球上のどこかではサッカーの試合が行われているはずである。

昨年の暫しの中断の時期を終え、今は多くの国でサッカーの試合が再開されているものの、きちんと観客を入場させる競技場はまだ少ない。ほとんどの試合では、選手たちの息づかい、ボールを蹴り飛ばす音、ベンチから監督とコーチが叫ぶ声がテレビを通して生々しく配信されている。

そしてこのような先景は、サッカーをはじめプロスポーツが共通してもつ重要な特徴を麻痺させてしまった。スポーツが持つ芸術公演と似たような属性、つまり多くの観客の目の前で試合を行うことで、観客の応援やブーイングのようなリアクションがパフォーマーたち、つまり選手たちに影響を及ぼすという要素が消えてしまったのだ。

また、選手たちだけではなく競技場のスタッフ、特に判官の役割を担って舞台に上がる別のパフォーマー、つまり主審も観衆の有無に強い影響を受けざるを得ない。次に示す研究結果によると、パンデミックによって観客が消えた競技場では主審や副審が普段とは異なる判定を下しているのである。

昨年の夏、イギリスの『ファイナンシャル・タイムズ』紙の分析チームがスポーツ分析家ジョゼフ・ブチダール（Joseph Buchdahl）の研究結果を基に作成したグラフ（図7-1）は、このことを証明している。

このグラフは、ヨーロッパ四大リーグ[2]でホームチームとアウェイチームのどちらがより多くのイ

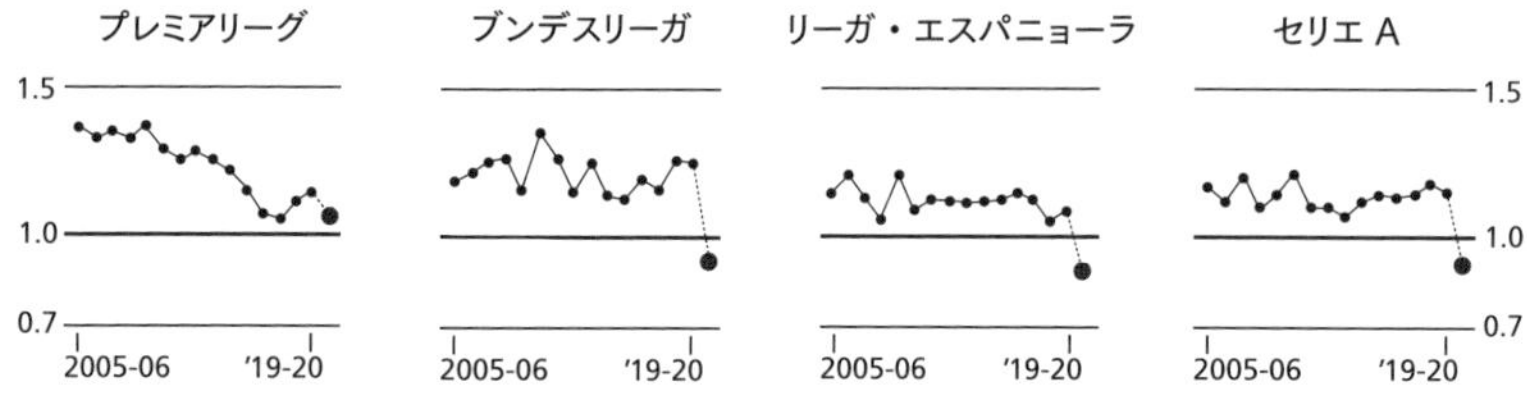

図 7-1　試合中に両チームに出されたレッド・カードとイエロー・カードの比率（リーグ別。2005/06 年から 2019/20 年シーズンまで。『ファイナンシャル・タイムズ』紙のグラフを基に，一部省略の上，再度作成）

エローカードやレッドカードを受け取ったかを表している。X軸は年度・時間であり、Y軸は科せられたカードの比率である。つまり、一・〇を基準にして上に行くほどアウェイチームがより多くのカードを受けたことになり、下に、つまり〇点台に下がっていくほどアウェイチームよりホームチームがカードをより多く受け取ったということになる。

この表の太い点は、パンデミックによるリーグの中断があったあとで再開された時点を表しているが、観衆がいない状態で競技が行われてからグラフの曲線が急に下がっていることが確認できる。一言でいうと、観客が消えるとホームチームにカードがたくさん与えられるようになったのである。

もちろんこのような変化が、観客の有無に直接的な影響を受けたかどうかについてはさらに研究が必要であろう。しかし、一般的にホームゲームはファンが数的に圧倒的な優勢を占めているため、ホームチームが有利な状況では歓声が、不利な状況ではブーイングが出てくる。そして審判はこのような雰囲気に圧倒されたり、少なからず影響を受けたりすることは明らかである。すなわち、COVID-19 によりサッカー場から観客が消えたことは、審判の心理のみならず多様な部分で競技の進行に影響を及ぼすといえる。また選手たちのプレーも同様である。

二　チーム経営への打撃

さらに大きな問題は、サッカーの運営団体に直接的な打撃が加わるかもしれないという点である。欧州サッカーには莫大な金額が関わっており、巨大な産業として成長して久しい。

このグラフはデロイトで作成された二〇二〇年「フットボール・マネー・リーグ」、二〇一八／一九シーズンの売上上位のビッグクラブの順位である（図7－2）。グラフの右側に大きく書かれた数字「九三億ユーロ」は、上位二十のクラブによる売上の合計を意味している。この売上は、大きくマッチデー（一六パーセント）、放映権料（四四パーセント）、コマーシャル（四〇パーセント）の三部門に区分される。

COVID-19によるパンデミック以降、全体の売上が減少しはじめた。この中でマッチデー部門の売上、すなわち入場券や競技当日に観客たちがグッズや飲食などで購入する売上が大きく減っている。二〇二一年「フットボール・マネー・リーグ」における売上上位二十のビッグクラブの合計は八二億ユーロとなり、前シーズンと比較すると一〇パーセント以上も下がっている。マッチデー収益の比重も一六パーセントから一五パーセントに減少した（図7－3）。

順位	チーム	売上高（百万ユーロ）
1	FC バルセロナ	840.8
2	レアル・マドリード	757.3
3	マンチェスター・ユナイテッド	711.5
4	バイエルン・ミュンヘン	660.1
5	パリ・サンジェルマン	635.9
6	マンチェスター・シティ	610.6
7	リヴァプール	604.7
8	トッテナム	521.1
9	チェルシー	513.1
10	ユベントス	459.7

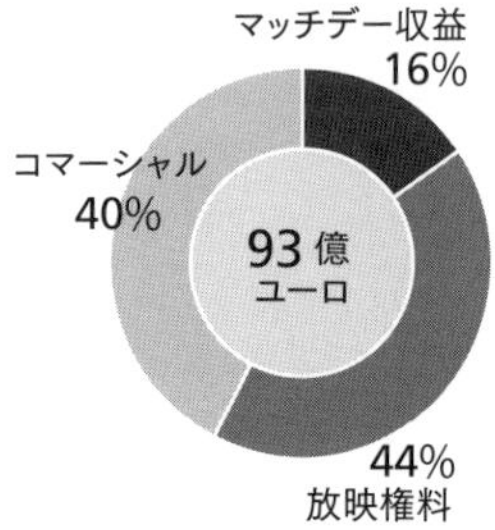

図 7-2　2018/19 年シーズンの売上ランキング（左）と，上位 20 チームの合計とその構成比率（右）（「フットボール・マネー・リーグ」2020 年を基に，一部省略の上，再作成）

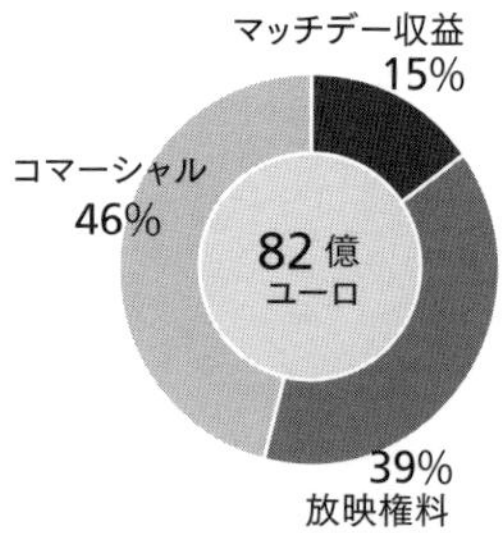

図 7-3　2019/20 年シーズンの売上上位 20 チームの合計とその構成比率（「フットボール・マネー・リーグ」2021 年を基に再作成）

チーム	金額（百万ユーロ）	比率（パーセント）	試合数＊
レアル・マドリード	-34.9	-22	18［27］
パリ・サンジェルマン	-23.6	-20	18［27］
バイエルン・ミュンヘン	-22	-24	17［22］
ユベントス	-21.9	-31	17［22］
リヴァプール	-13.1	-14	22［26］
FC ポルト	-4.2	-34	22［27］

＊　入場制限を行わなかったホーム戦のみカウントしたもの。［　］内は，2018/19 年シーズンの試合数

図 7-4　各リーグ主要チームにおける 2019/20 年シーズンのマッチデー収益の前年比（KPMG グループの資料より再作成）

注目すべきことは、二〇一九／二〇シーズンの場合、シーズン全体の八〇パーセントが進んだ時点でパンデミックが始まったという点である。つまり、二〇二〇／二一シーズンの売上構造は、二〇一九年から二〇二〇年において減少したこと以上の影響を受けるということは容易に予想できる。

ＫＰＭＧグループのサッカー専門コンサルティング部門のフットボール・ベンチマークによる研究結果（**図7‐4**）をみると、ヨーロッパの主要サッカークラブで、二〇一八／一九シーズンに比べて二〇一九／二〇シーズンのマッチデー収益がどれほど悪化したのかを確認することができる（二〇二一年三月現在）。

ＫＰＭＧの資料によると、レアル・マドリードは前年度に比べて実に三四・九パーセントのマッチデー収益が減少し、三分の一以上の損失が発生している。またパリ・サンジェルマン（ＰＳＧ）は二三・六パーセント、バイエルン・ミュンヘンは二二パーセントなど、大きな

リーグ	マッチデー収益	放映権料	コマーシャル	合計（百万ユーロ）
プレミアリーグ	170-180	700-800	250-300	1,150-1,250
リーガ・エスパニョーラ	150-170	500-600	150-200	800-900
ブンデスリーガ	130-140	300-400	200-250	650-750
セリアA	90-100	350-450	100-150	550-650
リーグ・アン	50-60	150-200	100-140	300-400

図7-5 COVID-19による欧州各リーグの損害額（KPMGフットボール・ベンチマークの資料を基に再作成）

打撃を受けていることが分かる。入場者数制限を行った試合数がマッチデー収益の下落に大きな影響を及ぼしている。たとえばレアル・マドリードの場合は、何の制限もなしに観衆を受け入れた試合の数が、二〇一八／一九シーズンの二十七試合から二〇一九／二〇シーズンにはパンデミック余波により十八試合へと減少している。現在行われている二〇二〇／二一シーズンの場合、その被害はより一層大きくなってきている。

ＫＰＭＧフットボール・ベンチマークが欧州サッカー連盟レポートを基に作成した指標によると、いわゆるヨーロッパ五大リーグに分類されるイングランド、スペイン、ドイツ、イタリア、フランスリーグの所属クラブがCOVID-19により被る損失額は、各リーグ別に最低三億ユーロから一二億ユーロに達すると見通されている（**図7-5**）。毎年、年間平均六・七パーセントの売上高の成長率を見せていたヨーロッパプロサッカーリーグがCOVID-19で大きな危機に直面しているのである。

ＫＰＭＧが提示した資料によると、各球団の損失規模はさらに莫大だ。COVID-19が流行した二〇一九／二〇シーズンは、ヨーロッパ主要クラブの前年度対比利益が大きく減少している。たとえば、韓国のスーパースターであるソン・フンミンが所属するトッテナムの場合、前年度に比べて売上が一二・三パーセント減少している。イタリアのＡＳローマの場合、売上が三九・三パーセントも減少し、前年比二億ユーロ以上の損失が発生したといわれている。

このような変化は多くのクラブの資金難へと繋がり、高額年俸のスーパースターたちの移籍を妨げる要因にもなっている。一―二月に開かれた冬の移籍市場では、多くのスーパースターの移籍が噂されたが、ほとんどが実現しないまま終わっている。今後、売上の見通しが不透明な状況を考慮すると、すべてのチームがさらに保守的な態度を取るであろう。

サッカーファンは、スター選手が巨額の移籍金によってチームを移り、新しい同僚たちと息を合わせる姿を見ることを大きな楽しみにしている。そのため、スーパースターを追いかける多くのファンたちがいま肩を落としている。特に韓国のサッカーファンたちは、近年全盛期を誇るソン・フンミン選手が、現在所属するトッテナムよりもビッグクラブに移籍できる可能性が薄れてきた(3)ということで、もやもやとした感覚を抱いている。

おわりに

このような巨大な損失にもかかわらず、各クラブはパンデミックの状況下でも持続可能なマーケティングとコミュニケーションを工夫し、ファンとの接点を増やそうと努力している。いわば〝非対面〟時代のプロスポーツが進まなければならない進路と方策を見つけるプロセスが、昨年初めから現在に至るまで地道に続けられているのである。また、支出規模が巨大化したヨーロッパリーグのビッグクラブの場合、すでに飽和状態に至っている国内市場だけでは維持がほぼ不可能になってきているため、さらに多様な方向で突破口を模索している。座礁したサッカーの「スーパーリーグ」創設計画はそのような努力の一環であり、今後類似した試みが再び起こる可能性は非常に高い。

COVID-19により激変しているプロスポーツ環境がこれからどのように変化し、新たな可能性を見出していくのかは非常に興味深く、引き続き注目していきたい課題である。

（張起権監修、岡山夏芽・藤原杏奈訳）

注

（1）　スーパーリーグに参加宣言をした十二個のクラブリスト――マンチェスター・ユナイテッド、マンチェスター・シティ、リヴァプール、チェルシー、アーセナル、トッテナム・ホットスパー（以上イングランド）、レアル・マドリード、FCバルセロナ、アトレティコ・マドリード（以上スペイン）、ACミラン、インテル・ミラノ、ユヴェントス（以上イタリア）。

（2）　ヨーロッパ四大リーグは、ヨーロッパサッカーで最も規模が大きい四つのリーグ、つまりイングランドのプレミアリーグ、ドイツのブンデスリーガ、スペインのリーガ・エスパニョーラ、イタリアのセリエAを意味する。

（3）　今夏の移籍市場において、ソン・フンミンの移籍に関しては多くの報道や憶測が飛び交っていたが、二〇二一年七月二十三日、球団は四年間の再契約に合意したと正式発表した。また、ファンや球団の残留を求める声と選手本人のチームに対する愛着が長期契約の背景にあるとコメントした。

参考資料

"FT analysis of data from Joseph Buchdahl", *Financial Times*.

"2020 Money league top 20 total revenue profile", *Deloitte Tohmatsu reports*.

"2021 Money league top 20 total revenue profile", *Deloitte Tohmatsu reports*.

"Matchday revenues YoY change", *KPMG Football Benchmark reports*.

"COVID-19: effects on the leagues by source of revenue", *KPMG Football Benchmark reports*.

［全体討論］

コロナ禍における体験型イベントの〈いま〉

［司会］
石毛弓
［登壇］
中村仁
須川亜紀子
田中孝弥
遊免寛子

司会　シンポジウム「コロナ禍における体験型イベントの〈いま〉」登壇者のうち、四名の先生方による質疑応答、意見交換を含めた全体討論を開始いたします。司会を務めます石毛と申します。さて、全体討論を始めるにあたって、最初に視聴されている方がたからの質問をご紹介します。その質問に、それぞれお答えいただくかたちで進めさせていただきます。最初の質問は遊免先生に対するものので、美術館に関してです。「美術館の入館が制限されるなか、財源を確保するためにオンライン上で何らかの収益を得る方法などはお考えでしょうか？　もちろん、本来は無料公開が望ましいのでしょうが……」というものですが、遊免先生、美術館の立場からしてこの質問に関してはどのようにお考えでしょうか。

遊免　はい、オンライン上でお金を得るという試みは、すでに国立美術館や私立美術館で始めているところもあります。ただ、当館は教育委員会の直営であって、税金で運営していることもあり、そのような取り組みをすぐにでも始めるということにはならないと思います。もちろん、直接個人の方々からお金をいただくということ以外に、企業に協賛していただいたり、寄付金をいただいたり、そういったことはすでに始めております。団体、特に地域の企業と繋がることが、これからどんどん重視されていくのではないかなと思っております。

――ありがとうございます。いまの質問に加えてお尋ねしたいのですが、先ほどご発表いただいたケットさんのお話のなかで、フランスにおける国からの資金援助の話が出てきたかと思いますが、日本の場合、この点はどうなっているのでしょうか。

遊免　この四月からは文化支援のためにかなりの額の助成金が準備される、という話を聞いています。先ほど田中先生が仰られた「ARTS for the future!（アーツ・フォー・ザ・フューチャー）」の一環かもしれませんが、美術館そのものが支援の対象となるようです。これまではアーティストをはじめ個人が支援の対象だったのですが、美術館の活動も助成の対象となり、しかもその資金を使ってアーティストに映像の制作を依頼するだとか、外注にも充てることが可能だと聞いています。これはかなり大きいと思っています。これは美術館だけではなく、演劇とか音楽とかその他全ての芸術に関わってくる助成金かと思いますが。

――なるほど、そうした支援がきちんとなされることを期待いたします。ということは、美術館に関していえば、この一年間は美術館に特化した助成金等はなく、来年度からそういうことがあるかもしれないということでしょうか。

遊免　この一年の間にも、コロナ対策の備品を購入したり、オンライン配信のための機材を整えたりすることに対しては支援を得てきました。また、開催できなくなった展覧会に対しては損害を補填するような制度があって、当館もその助成金をいただくことが決まっています。

――そうでしたか。ご説明、ありがとうございます。

では、このオンライン化と財源というテーマで、ほかの先生方にもお話を伺いたいと思います。それでは、まずは中村先生、どうお考えでしょうか。

中村　そうですね、イベントの種類にもよりますが、アメリカのコンベンション形式のようなものだと、そもそも、入場料を支払って来場してもらって会場内ではいろんなものを無料で楽しんでもらおうという仕組みなので、これはなかなかオンライン化しにくいと思います。

中村　また、「Tokyo Game Show（東京ゲームショウ）」とか「AnimeJapan（アニメジャパン）」のような展示会形式もプロモーションの性格を有していますので、もしお金を取るとなると、各ステージに料金を設定して観覧したい人がお金を払う、といった仕組みになるとは思いますが……ただ、私がかかわる同人誌即売会とかもそうですけれども、プラットフォームの利用料といった形式ならまだしも、そもそも入場料を取りにくい分野です。しかし会場費は今までもずっとかかっていましたから、オンライン化は難しいように思われます。

——そうしたイベントの中でも、同人イベントの場合、スタッフはボランティアというケースが多かったような気がしますが、オンライン化になったとしても、その点はやはり変わらないのでしょうか。

中村　おそらくオンライン上で開催した場合、行列をさばいたり、物を動かしたりといった実際の作業がなくなるので、スタッフの仕事が大きく変わると思います。問題は、今後実際に開催できるようになった際、こうした仕事が以前と同様に行うことができるかどうか、技能がきちんと引き継がれていくかどうか、ということです。

——つまり、中村先生が関わっていらっしゃる分野ではオンライン化がいろんな側面で進むとしても、それが収益に結びつくには難しい点が多いというお話でしょうか。

中村　ええ、収益面もそうですけど、そうしたものに馴染みにくい分野だとは思っています。

——なるほど。ありがとうございます。では次に、須川先生は同じテーマについてどのようにお考えでしょうか。

須川　二・五次元舞台とオンライン化によるマネタイズという問題ですが、いち早く配信に移行した分野ということもあって、オンラインとの相性はそれほど違和感がありませんでした。

二つのレベルで考えることができると思います。過去の上演を配信するアーカイブ配信のシステム構築には時間がかかったようなのですが、すでにライブビューイングによる配信を行っていたので、自宅にいながらネット上で舞台を観ることができるようになるのに、それほど難しくはなかったようです。ライブビューイングは映画館などの場に行かなければなりませんが、それが次第にオンライン配信に移行していったということです。

上演のできなかった期間に、各有名コンテンツが無料配信を始めました。この知らせはＳＮＳを介して海外のファンにも伝わり、その配信を見るためにはどうしたらいいのか、どうやって配信の登録をすればいいのか、といったことが日本語のできるファンの間でやり取りされたみたいです。どの作品も連載形式を採っているので、無料配信期間のうちに過去のシリーズを見終えて、作品のコンテンツがすべて頭に入った状態で今度の新作に備えましょう、といった雰囲気があり、いわゆる古参のファンだけでなく新規のファンを獲得することができました。

その後配信は無料から有料になっていくわけですが、その過程でさまざまな工夫が見られるようになります。たとえば、ライブビューイングは今まではいわゆる「大落」、巡業最終地の千秋楽のときだけだったのが、各公演の千秋楽に配信するようになりました。また、チケットを買ったんだけれども、本人がコロナに罹ったとか、濃厚接触者になったとか、コロナ禍ではいろいろな条件によって劇場に行けなくなるケースが出てきます。本来ならチケットの払い戻しということになりますが、その分ロスが発生するわけです。そこで、そのチケットをそのまま配信用に利用できるようなシステムを構築するところが出てきました。ただ、チケットの値段はおよそ一万円もしますので、お客さんからすると劇場と配信とが同じ価格というのは受け入れにくい部分もあるだろうとのことで、後日パンフレットだったりプレゼントだったりを送るなど、配信で観ることの付加価値をつける工夫をして、チケットの払い戻しをしなくていいようなシステムにしたんですね。こうしたマネタイズの仕組みがどのレベルのスタッフにまで浸透しているかは、製作側ではないので正確にはわかりませんが。ともかく、新規開拓の配信が元々あり、それが拡大したという点では、二・五次元舞台はオンライン配信によってその可能性を大きく広げた分野だったと言えるかと思います。

——二・五次元舞台の配信というのは、先生も仰ったように割と早くから行われていましたし、また観客に若い人が多いためか、観る側もすんなりとそれに馴染んでいったように見えます。地方に住んでいるファンからすれば、むしろそのほうが嬉しいという声もありますね。

須川　そうですね。それに、実際に見に行くし、さらには配信もライブビューイングも見るといった調子で、延々と見る人が多いんです。今日は誰がカメラに抜かれるのかとか、推しが抜かれたから嬉しいとか（笑）。全景はすでにＤＶＤに収録されているわけですからね。何回見てもいろんな楽しみ方のできるファンが多い、ということも要因だと思います。

——ありがとうございます。先ほど中村先生が、この討論が始まるまでの間に、自分も二・五次元舞台はライブビューイングなどの配信をよく見ているとお話しされていましたが、中村先生は観客として配信のどんなところに楽しみを感じていますか。

中村　単純に配信だとチケットを買うよりも安いですよね。主役がダブルキャストであっても両方見ることができますし、あと劇場だと席によっては遠くてよく見えなかったりすることもありますけど、カメラ越しだとアップで見られるので、そういう見方ができるのも良いかな、と。双眼鏡を持って行かなくていいや、みたいな（笑）。

——確かに、アップのおかげで、顔や着ている物などさまざまなものがとてもよく見えますよね。ですから、二・五次元舞台はオンライン化していて、収益に関しては個別でいろいろあるでしょうが、システムとしてはうまく機能している方ではないかというご見解だと思います。

一方、演劇ではそのあたりがなかなか難しいと、田中先生がご発表でも触れていたように思います。財源という観点から演劇舞台のオンライン化を考えたとき、田中先生はどのようなご意見をお持ちでしょうか。

田中　オンラインにすることを考えた場合、エンターテイメント系といいますか、明るい雰囲気のお芝居といいますか、喜劇的な作品なら割と収入が見込めるでしょうから、ある程度の財源は確保できるのではないかなと思います。ただ、アート系といいますか、ややシリアスな感じのお芝居になりますと、オンライン化したとしても、興行収入だけで財源を確保することは難しいと思います。

結局は公的な助成金が必要になってくるでしょうが、その作品が一体どのような公共性を持っているのか、ということが問われるようになると思います。オンライン化することによって、全国どこでも、どんな方でも見ることのできる環境を整えることが必要になってくる。こうした意味でも、オンライン化はやっぱり必要かなと思いますね。収入が見込めるエンターテイメント系の演劇はそれだけで一つの事業として成り立つだろうとは思いますが、たとえそうはならなかったとしても、オンライン化することによって社会的な貢献というか、波及効果というものが生まれると考えています。数字にはなかなか表れないかもしれませんが。

——田中先生、ありがとうございます。先ほどのご発表でも触れられていましたが、技術的な問題、特に舞台ではこれまで前提としてこなかったような撮影の仕方ですとか、そうした点を改善していけば、良い作品をそのまま映像に残すことができるようになると。

田中　ええ、そうです。

——例えば、ロイヤル・ナショナル・シアターは上演作品を映画館やオンラインに配信していますよね。ですが、規模の大きな劇団と小さな劇団ではやはり差が出てくるような気もしておりますが、そういう点に関してはいかがでしょうか？

田中　いや、もうそれはもうおっしゃる通りで。映像専門のスタッフを雇って、カメラワークを含めて一つの作品として撮れる劇団は、非常にクオリティの高いものを作れますが、小さい劇団にとってはそうした人間を雇うことはどうしても難しいですから、そこで大きな差が生まれてきます。演劇作品とそれを撮影した映像作品は、やはり別物といった感じがして、演出家がもう一人必要になるようなものです。きちんとしたカメラワークのできるスタッフを雇えるかどうかは、非常に大きな差だと思いますね。

——田中先生は、公演が中止になることも考えてドキュメンタリー映画も同時に制作するようにしていたと、先ほどの発表でお話しされていました。この点についてもう少し伺いたいのですが、映画の制作と演劇の制作は全然違うものだと思いますので、これはやはり映画の専門家に頼んでドキュメンタリー作品を制作したということですよね。

田中　まず、映像として残しておきたいという気持ちがありました。三月公演『織工たち』は公演の六日前に中止を決定したのですが、ちょうどその前日に大阪市内で二つ目のクラスターが発生したことを承けて中止を判断しました。こうした事態はいつ起こるかわからないし、どのタイミングで公演の中止が決まるかもわかりませんでした。公演ができないかもしれないと思いながら作品を作り続けるのは、かなりのストレスでした。もし公演が中止になったとしても、そこまでの過程をきちんと録画して、通し稽古なんかを含めて残しておけば、たとえ照明や音響が入っていなかったとしても、記録として、作品としてきちんと残るんじゃないかということを思い立ちました。それで映像記録を撮ってもらえる人を探していたら、ちょうど大阪にドキュメンタリー映画の監督がいらっしゃって、親身になって相談に乗ってくれるうちに、「じゃあ、ドキュメンタリー映画を撮りましょう」というふうに話が進んだわけです。こうした経緯で、十月公演『逃げるヘレネ』はドキュメンタリー映画と舞台制作を並行して進めることになりました。

実際にやってみると、これはこれで非常に面白い試みになりました。これまで演劇界は演劇の人間同士で集まって作品を作るのが当たり前でしたけれども、コロナ禍になったことで、違う畑の人たちとも積極的に交流しないともはや成立しなくなってきた、と実感しました。逆にその映画監督の方も、俳優というのは演技することに対してこんなにも追求しているものなのかと改めて知ったそうです。そういう意味では違うジャンルと越境していく、ミックスしていくことの良いきっかけになったのかなと思っています。

——具体的に、どんな場面が映像に収められたのでしょうか。

田中　たとえば、若手の俳優が一人で十分間ぐらいずっと喋るシーンがあって、その彼が練習している場面を約二カ月のものあいだ撮り続けました。ドキュメンタリーの手法によって、俳優がどういうふうに成長していくかのが見えてくる。舞台袖でスタンバイするところまで追っかけています。

——さて、オンライン化と財政という観点から、いろいろと話が広がってまいりました。ここで、もう一つ質問を紹介したいと思います。「田中先生のお話のなかで、若手俳優はこのコロナ禍によって大きな打撃を受けたと聞きました。二・五次元舞台の俳優は若手がほとんどだと思うのですが、この影響で辞めていった人は多いのでしょうか」。これについては須川先生、いかがでしょうか。

須川　そもそも、二・五次元俳優はコロナ以前は潤っていたのかと言われれば、そうではありません。アイドル市場と同じで、生き残れる人は本当にごく一部で、売れるまで非常に苦労したり、家庭の事情で辞めたりする人も結構います。アイドルの登竜門の一つとして競争の激しい分野になってきているうえに、このコロナ禍で上演自体も減っているということもあって、もともと生き残りが厳しい若手俳優にとっては、状況はますます厳しくなっていると言えます。公演がないときはSNS上で自分の部屋を公開してみたりして、ファンをつなぎ止めるためにソーシャルメディアを駆使して皆さんいろいろやっています。実際アイドルみたいなところがありますから、そういった意味では非常に厳しい世界です。

――もともと厳しい世界であって、それがコロナ禍によってさらに厳しくなった。そのなかでさまざまな工夫が試みられ、たとえば自分からオンライン上で情報を発信することが行われているということですね。もう一つ、田中先生が指摘された若手への継承の問題と関連してお聞きしたいのですが、中村先生はさきほど、イベントをオンライン化することによってスタッフの技術継承が行われなくなる可能性があるとお話しされていました。この一年という期間、確かに時間のスパンを大きくとればそう長い時間ではないと考えられなくもない。とはいえ、この期間にイベントなどが開かれないことによって、文化の断絶、スキルの継承が行われないなどの懸念が生ずるのではないかとも思われるのですが、この点はいかがでしょうか。

中村　マラソン大会でも同様の問題が出てくるかと思いますが、人的な資源やコミュニティが崩壊してしまうと、その再構築は極めて難しいだろうと思います。趣味のイベントであれば、ボランティアとして参加してくれている人が一旦辞めてしまうと、もう一度ボランティアの人を集めるのはとても難しいことです。もう一つは、そのイベントを開くときに必要な関連事業者が廃業してしまうと非常に大きな問題が起こります。実際、建物内でイベントを開く場合、例えばテントをレンタルしたり内装を施したり、数多くの業者が携わっています。一年間やらないことでそういった業者が激減してしまったり、あるいは廃業してしまったりすると、改めて開催しようとしても資材の調達や業者の手配が難しくなる恐れがあります。

——それは実際に今起こっていることですか。

中村　そうですね、おそらく一部では起きていると思います。ただ、実はまだわからない部分が多い。今は開催自体が減っているので、もう一度イベントを開こうと動き始めたときに初めて発覚する可能性も高いでしょう。

——今は本当にイレギュラーとしか言えないようなことばかり続いているので、実状がわかりにくい。この先、以前のようなかたちで何らかのイベントを開催しようとしたとき、何が問題なのかが改めてわかってくるということですね。

美術館の場合はどうでしょうか。この一年間によって何が途切れたり、ギャップが生まれたりするようなことはありますか。

遊免　ボランティア活動の一部が途切れているのが気がかりではあります。特に昨年新たに登録されたボランティアの方々は全く何の活動もないまま一年が終わってしまいましたので、モチベーションを保ってもう一年続けていただけるのかどうか……そういうコアな支援者を逃してしまうんじゃないかという脅威を感じていますね。

——なるほど、ありがとうございます。学校の生徒が見に来ることは再開されたと仰っていましたが。

遊免　学校と館の許す条件のもとで来館いただいています。また、出前授業をオンラインで行ったりそういったこともしております。

――美術館や博物館にはコアなファン、この館が好きだからこそ協力したい、という方が一定数いらっしゃると思います。そうした意味では、確かに厳しくなっていますよね。

田中先生は、若手の俳優や若い劇団にとって、この一年という貴重な時間を棒にふることになってしまったと仰っていました。コロナがある程度収まって何とか演劇ができるような状況になったとしたら、多少の時間は無駄にしたけれども、次からまた同じようにやっていこう、と思えるものなのか、それとも何か大きな影響を被るものなのか。この点については、どのようにお考えでしょうか。

田中　僕はあまり楽観視していません。やはりすぐには戻れないのではないかと思っています。なぜなら、彼らがまた公演しようと思ったとしても、資金がないので、まずは働かないといけない。若手の演劇人となると、正社員として働いている人は少なくて、アルバイトが大半です。加えて、近年の労働環境の悪化というのも深刻だと思っています。アルバイトであっても長時間働かないといけない。物理的に稽古ができなかったこの一年を経て、いざ公演に向かって稽古していこうと思ったときに、仕事が忙しすぎるとか、あまりにも拘束されるとか、なかなか稽古に行けないということも起こりえます。

――ほかの多くのことにも通じるでしょうが、一年の断絶が一年で取り戻せるわけではない。また、社会状況がどうなっていくかも見えません。傷跡と言うにはまだ早すぎますし生々しいですが、この一年でできなかったことが後々もっと大きな影響を与えるのではないかということですね。

須川先生にも同じことをお伺いしたいのですが、ライブビューイングの展開など、二・五次元舞台はこの一年でむしろ新しい扉を開いたというか、新たなファンを獲得することもできたというポジティブなお話がありました。しかし、この一年の間に何かが途切れたり、将来に禍根を残したりするのではないかと考えられるようなことがあれば、教えていただけますか。

須川　はい、もちろん他の先生方が仰られたことと同じような状況にあります。スタッフに関して言えば、例えば毎日衣装を洗うクリーニング屋さんであったり、ウィッグ屋さんであったり、公演がなくなることによって仕事がなくなるわけですね。公演のない分、スタッフの雇用が失われるという点はまったく同じような状況です。

ですので、これは発表でも触れた点ですが、そういった状況を打破しようということでクラウドファンディングのプロジェクトがプロデューサーの松田誠さんを発起人として始まったわけです。とくに劇場が潰れてしまったらどうしようという危機感が非常にあったようです。今は徐々に再開していますけれども、以前から黒字になる作品もあれば多少は赤字になってしまう作品というのもありましたので、今の状況を考えると人気作品は長期公演にして、それほど人気のない作品はどのくらいの公演期間にするのかを見計らわなければならない。でも、例えば政府の方針によって、急遽座席を半分に減らさなければならなくなったとしても、赤字覚悟で劇場を開けなければならない事態も考えられます。そうしたことを考えると、この一年間は本当に綱渡りの運営だったと思います。幸いなことに満席の公演も増えていますけれども、フェイスシールド一つとっても全員が着用しなければならないとなればコストもかかりますし、感染対策への支出もかなり額に上ると思われます。他の分野と同じような状況だと思います。

ただ一点、災い転じてと言うべきか、コロナ禍によって電子チケットへの移行が進みました。そのおかげで、チケットの転売問題が改善されてきました。この問題は結構深刻で、それこそアイドルのコンサートと同じように考えてもらっていいのですが、元値の十倍の価格に膨れてしまうような転売が横行していたなか、スマートフォンを使った非接触の電子チケットに移行することで、徐々に防げるようになっています。これはよいニュースと言っていいと思います。

——なるほど、それは面白いです。チケット転売の問題をどうしたらいいのかは常につきまとっている話だったと思います。それが改善されつつあるということですね。

須川　ええ、本当にアイドル分野に接触している二・五次元舞台ならではの問題だったとは思うのですが。

——思わぬ結果を生んだ点もありながら、やはりその他の分野と同じく、この一年間は大変な状況にあったということがよくわかりました。

とはいえ、田中先生や遊免先生が仰っていたように、追い込まれたがゆえに新しいことを色々と試したり、異なる業界とコラボレーションしてみたりする機会も生まれています。そうした試みは、この辛い時期にあって一つの希望になるようにも思われます。そこで、そのような現在の取り組みや、あるいは今後取り組んでみたいことについて、最後にお聞かせください。

遊免　私は美術館の活動には今後より良い方向に変えていける部分があると思っています。今は作品を鑑賞したい美術愛好家に向けた活動が中心になっていますが、鑑賞を通して他者を理解したり、多様な価値観があることに気づいたりする体験は、あらゆる人にとって必要なものだと思います。発表で紹介したギャラリートークは、まさにそうした体験なのです。最近では、国立美術館がビジネスパーソン向けにレクチャーを始めたりしていますから、例えばスポーツチームとか会社の新人研修とか、さまざまな場面で美術館を活用してもらえるんじゃないかと思っています。オンライン上でも可能なことですし。

——本当にそうなったらいいですね、私も行ってみたいです。では田中先生、先ほど舞台製作についてのドキュメンタリー映像をについてお話しいただきましたが、この点について今後の計画を教えていただけますか。

田中　次の公演では、そのドキュメンタリーの映画監督の方に、宣伝用のＰＲ動画を作ってもらいました。あと作品の魅力を伝えるインタビュー映像も撮ってもらいました。これを劇団のウェブサイトで公開しています。これまではチラシの写真ぐらいしかなかったわけですが、こうして動画で作品をアピールできるのは非常に効果的なのではないかと。舞台を見る前に、一部が見られたり、見所がわかったりすると、結構、喜ばれます。

——須川先生はいかがですか。

須川　私は製作者ではないので一ファンからの要望みたいな感じになりますが、例えば海外のファンが日本に来られない状況ですから、大落の配信がいろんな言語の字幕付きで見ることができたり、世界中でリアルタイムに同じコンテンツを見ながら語り合うことができたりしたら、とても面白くなるのではないかと思います。あとはカスタマイズしたライブ配信とか。推しだけを別のカメラで追えたり、アップにできたり……

――確かに、会場でもファンは推しを目で追いかけていますよね。

須川　全景も見られるし、自分の好きな角度でも見られるみたいなカスタマイズができるようになれば、さらにチケットが売れると思いますよ。

――それは私も実現を望むところです。では、中村先生はいかがでしょうか。

中村　須川先生に近いのですが、もともとイベントのステージは人数が限られていて、多くの場合二百人くらいしか観客席に入れなかった。見られない人が圧倒的に多かったものが、動画配信によってたくさんの人が見られるようになったことが一つです。もう一つは、これまで動画配信は権利者側がNGにすることが多かったんですが、今はどんどん緩和してきています。

発表でも申し上げましたが、例えばYouTubeで配信すれば、自動字幕機能の利用ができるわけです。昔は字幕をつけるとなると固有名詞が全て正しく表記されているかどうかなど端から端までチェックする必要がありましたが、今だったらもう自動字幕で対応できる箇所はチェックしない、というやり方もできると思います。

デジタル化の進行によって、キャパシティの問題が解決できたことは非常に革命的だった思います。会場に行けないような場所にいてもそれを見ることができる。国外の配信にしても、いまはまだ規制のある部分もありますが、次第にそうした規制も緩和されていくと思います。それこそ、イベント会場で写真を撮ってＳＮＳに上げる人は多いですけど、配信のスクリーンショットを上げるのは抵抗がある。けどそれも、人々が発信して、それをまた別の人が見て参加して……といった流れのなかで、徐々に緩和されていくのかもしれません。

――確かに言語の壁が自動化によってどんどん取り払われていくといいですね。それぞれの言語を使いながら互いに理解することが容易になれば、もっといろんなことができるでしょうし、そういう意味でもＡＩや翻訳機能とのコラボというのも面白いですね。さて、話題は尽きないところですが、本シンポジウムをそろそろ閉じさせていただこうと思います。今回ご登壇いただいた先生方、また録画でご協力いただいた皆様、そしてこの配信を見ていただいきました皆様、本当にどうもありがとうございました。

あとがき

この本に収められたシンポジウムは、二〇二一年三月七日に開催された。あとがきを書いているのは九月初だが、この半年でCOVID-19についての状況はさまざまに移り変わった（そのため、出版の直前までこのあとがきを何度も書き直すことになった）。シンポジウムを開催した時期は国内の感染者数が減少の傾向にあり、このまま事態が好転するのではないかという見解もあった。しかし、そうならなかったことを現在のわたしたちはよく知っている。

COVID-19の感染拡大による影響は、国や地域によって大きく異なる。国内だけをみても、たとえば交流文化研究所が所属する大手前大学（以下、本学）は兵庫県西宮市および大阪府大阪市にキャンパスをもち、首都圏四都県（東京都、埼玉県、千葉県、神奈川県）と並んで頻繁に緊急事態宣言やまん延防止等重点措置の対象になってきた。宣言および措置は地域によって施行期間が異なるため、参考までに大阪府と兵庫県に発令された分を図８－１にまとめた。こうしてみると、二〇二一年に入ってから宣言もしくは措置が出ていなかった期間は、わずかでしかないことがわかる。九月現在は、何度も延長となった緊急事態宣言が発令されている最中で、第五波のまっただなかでもある（図８－２）。

COVID-19ワクチン（以下、ワクチン）は、シンポジウムを開催した時点では、日本での供給についてはっきりした見通しが立っていなかった。その後、医療従事者から優先的に接種が始まり、高齢者や基礎疾患を有する人間へと拡大していった。しかし自治体による対応の格差、ワクチンの供給数や接種場所の不足など、さまざまな混乱が生じたことは記憶に新しい。さらに、若者の接種率が低いというのが政府の見方だったが、都内の十六歳から三十九歳を対象として予約なしでワクチンを接種できる「東京都若者ワクチン接種センター」が開設されたところ、初日の八月二十七日には希望者が殺到して長蛇の列ができた。そのため翌日からは現地での抽選方式、九月四日からはオンラインでの抽選方式に変更された。わたしは大学に勤務しているため、この件に関する報道を興味深く追っていた。

本学では、七月に学生および教職員を対象とした職域接種の第一回目を実施した。学生の学内接種率は、学部によって異なるものの決して高くはなかった。その理由の一つとして、COVID-19の変異株であるデルタ株の感染リスクが、七月の時点では学生にとってさほど深刻にとらえられていなかったのかもしれないことが考えられる。デルタ株は従来のものより感染力が強く、かつ高齢者だけでなく若い世代でも症状が悪化する懸念のあることが特徴とされている。デルタ株の脅威は、七月よりも、

名称	期間	地域	備考
緊急事態宣言	2020/4/7 ～ 5/21	大阪府 兵庫県	7 地域に発令。4 月 16 日からは全国が対象となる。首都圏 4 都県は 5 月 25 日まで継続
緊急事態宣言	2021/1/14 ～ 2/28	大阪府 兵庫県	10 都府県に発令。首都圏 4 都県の期間は 1/8 ～ 3/21
まん延防止等重点措置	2021/4/5 ～ 4/24	大阪府 兵庫県	4/12 に 3 地域，4/20 に 4 地域追加
緊急事態宣言	2021/4/25 ～ 6/20	大阪府 兵庫県	4 地域に発令。5/12 以降，6 地域が追加
まん延防止等重点措置	2021/6/21 ～ 8/1	大阪府	首都圏 4 都県の期間は 7/11 まで。以後緊急事態宣言に移行
緊急事態宣言	2021/8/2 ～ 9/30	大阪府	9/9 に延長を決定
まん延防止等重点措置	2021/6/21 ～ 8/19	兵庫県	2021/8/17 に緊急事態宣言への移行を決定。まん防は，当初は 8/31 までの予定
緊急事態宣言	2021/8/20 ～ 9/30	兵庫県	9/9 に延長を決定

図 8-1　COVID-19 にともなう宣言・措置（兵庫県・大阪府を中心とする）

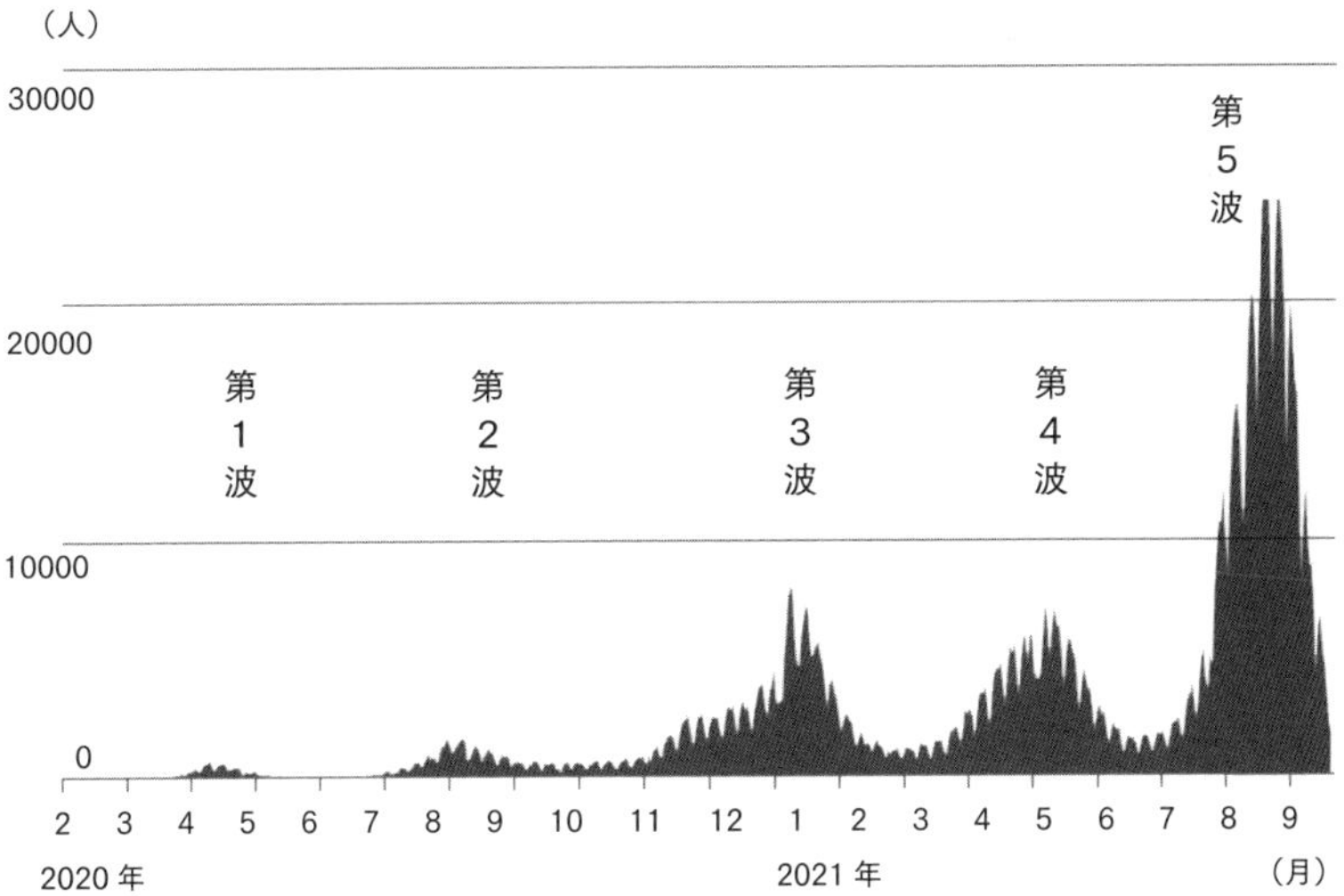

図 8-2　国内の感染者数の推移（データ元は「nhk_news_covid19_domestic_daily_data」NHK『特設サイト　新型コロナウイルス』「第 1 波～第 5 波 感染者数グラフ」〈https://www3.nhk.or.jp/news/special/coronavirus/entire/〉最終閲覧日 2021.09.07）

第五波が起きた八月以降のほうがより身近に感じられたのではないだろうか。若者ワクチン接種センターの一件は都内での事例であり、かつ接種対象が大学生に限られるわけではない。したがって学内接種のケースと単純に比較することはできないが、それでも八月末に開設されたこの接種会場に人びとが押しよせた光景をみて、一カ月のあいだにワクチン接種への意識が変化した若者が増えたのかもしれないと考えさせられた。実際、本学の学生で夏季休暇中に自治体で第一回目のワクチンを接種した者もいた。なお現在は、日本国内でワクチンを二回接種した人間は日本人口の半数を超えたといわれている。とはいえ罹患を警戒しなければならない日々は続いており、三回目のワクチン接種の必要性が現実化しつつあるのがこのところの状況だ。

この半年間で、本書で着目した体験型イベントは、多くの制約を課されながらではあるが開催されることが増えてきた。コロナ禍以降に実際に開かれたイベントの中で、最大規模のものとして「東京二〇二〇オリンピック・パラリンピック競技大会」を挙げることができる。大会名にあるように、本来は二〇二〇年に開かれるはずだったこれらの大会は、一年延期されての開催となった。オリンピック大会は、七月二十三日から八月八日までの十七日間にわたって実施された。東京都他に四回目の緊急事態宣言が発令される中での開催は、六都道県(東京都、埼玉県、千葉県、神奈川県、福島県、北海道)で無観客試合、二県(宮城県、静岡県)では「収容人数の五〇パーセントもしくは一万人」のうち少ない方の数で観客を入れ、一県(茨城県)は学校連携のある児童や生徒らのみの観戦となった。パラリンピック大会は、八月二十四日から九月五日までの十三日間、三都県(東京都、千葉県、静岡県）で開催された。観戦に関してはは、原則としてすべての競技について無観客だが、学校連携観戦は受け入れた。二〇一八年時点では、東京大会はオリンピックで七八〇万枚、パラリンピックで二三〇万枚のチケッティングが見込まれていた。実際は、オリンピックの有観客数は約四万三三〇〇人となった。東京オリンピック大会およびパラリンピック大会の開催と運営方針については、国内外で多数の議論が巻き起こった。その内容についてはふれないが、世界中が注目したスポーツの大会およびその観戦が、この時期にこのようなかたちで行われたということを、体験型イベントがテーマである本書として記しておきたい。

さて、いま多くの体験型イベントで憂慮されていることの一つが、本書でも言及されている「共有体験の断絶」だ。先達と後進、もしくは同輩たちがともにおなじ場にいることでしぜんと引き継がれる情報が、コロナ禍のせいで途切れてしまう。COVID-19が世界に広まりだしてからまだ二年も経っていないが、体験の損失への懸念はすでに現実のものとなっている。たとえば京都の祇園祭は、七月一日から三十一日にかけて行われる八坂神社の祭礼であり、町衆によって行われる山鉾巡行の山や鉾はそれぞれの山鉾町で管理保存されている。つまり町衆の知恵と技術によって支えられてきた側面の強い行事なのだ。二〇二〇年はこの山鉾巡行が中止され、山鉾が建てられることはなかった。二〇二一年は、巡行こそなかったものの約半数の山鉾が組み立てられることになった。その理由は「組み立て技術の継承や懸装《けそう》品の保全に悪影響が懸念されていた」ためであり、「縄のくくり方もいろいろで二年空けばやり方を忘れてしまうこともある」からだという（「祇園祭の鉾建て二年ぶりに始まる京都市中心部、つち音響く」『京都新聞』二〇二一年七月十日)。九世紀半ばに始まり、応仁の乱で一時期途絶えたものの一五〇〇年に再興された長い歴史をもつ祭事でさえ、空白が二年続くことに耐えられないと判断されたのだ。この一事からも、体験が共有されないことによる社会的文化的なものの消失が世界中で起きているだろうことが危惧される。

わたしたちの暮らしはいまもCOVID-19の感染状況に左右されており、本シンポジウムで指摘された課題や将来の展望の結果について本格的に検討するのはまだ時期尚早だといえる。しかし、いずれこの事態は終わりを迎える。そうなったとき、COVID-19の感染拡大の渦中にあって催したこのシンポジウムでの報告や考察が、どのような意味をもつのかを再考したいと考えている。

*

シンポジウムの開催および書籍の発行に際して、お世話になった方がたに心から御礼を申し上げる。六名の執筆者の方がたには、コロナ禍による困難な時期にシンポジウムへのご登壇と本書へのご寄稿をいただいた。さらに、今回は初めてのオンライン開催であり、西尾信大氏や辻井美奈氏を始めとする大手前大学情報メディアセンターのスタッフの尽力がなければ実現することは難しかっただろう。フランスのケット氏と韓国のソ氏の発表は事前に録画し、当日は日本語字幕をつけて配信した。フランス語については、安達孝信氏が字幕と原稿をすばらしい日本語に訳された。韓国語は、岡山夏芽氏および藤原杏奈氏が字幕と原稿を翻訳し、本研究所員であるチャン・キグォンが監修した。なお岡山氏と藤原氏は本学の卒業生であり、このようなかたちで関わってもらえたことを喜ばしく思っている。また交流文化研究所所員には常にサポートをしてもらった。書籍にする際は、水声社の廣瀬覚氏のご協力が欠かせなかった。お力添えをいただいたすべての方がたに深謝するとともに、コロナ禍の一刻も早い沈静化を切望していることを最後に記したい。

石毛弓

Un musée français face à la pandémie du COVID-19

L'exemple du musée des Arts Décoratifs-Paris

Béatrice Quette
(Conservatrice des collections asiatiques,
musée des Arts Décoratifs - Paris)

Cet avant-propos est l'occasion d'adresser mes sincères remerciements à l'université d'Otemae et plus particulièrement à Madame ISHIGE Yumi, professeur de philosophie, et directrice de l'institut des études culturelles entre l'Orient et l'Occident, de leur invitation à participer à ce symposium. Que Madame ISHIGE soit également remerciée pour son aide et sa disponibilité pour préparer au mieux cette intervention. De chaleureux remerciements doivent être adressés à monsieur le professeur KASHIWAGI Takao, ex-président de l'université d'Otemae, ainsi qu'à Madame le Professeur KASHIWAGI Kayoko, professeur émérite de l'Université municipale des Arts de Kyoto. Je leur suis reconnaissante d'avoir suggéré d'intégrer le Musée des Arts Décoratifs de Paris au programme de ce symposium, et mon nom pour le représenter. Leur aide fut précieuse pour préparer cette intervention et leur présence aujourd'hui est un soutien amical. Enfin, le nom de Monsieur ADACHI Takanobu, doctorant, doit être ajouté à la liste des personnes remerciées pour avoir assuré le sous-titrage en japonais de mon intervention lors du symposium, mais également la traduction de ce texte.

En préambule, il est sans doute nécessaire de rappeler les liens forts et réguliers qui existent entre le Musée des Arts Décoratifs et l'art japonais. Aujourd'hui, les échanges entre le musée et des collègues japonais dans le milieu des musées, de l'université, de la culture se poursuivent et sont à la source de cette invitation à participer à ce colloque.

Récemment, le musée a organisé l'exposition « Japon Japonismes, objets inspirés. 1867-2018 » présentée au musée des Arts décoratifs[1] qui a fait partie

de la programmation des célébrations « Japonismes 2018 » organisée en France par le gouvernement Japonais et la Fondation du Japon. Madame KAWAKAMI Noriko, directrice associée de 21_21 DESIGN SIGHT et de Monsieur le Professeur MOROYAMA Masanori, ancien conservateur honoraire au Musée national d'Art Moderne de Tokyo, furent conviés à collaborer à cet événement en tant que commissaires invités. Ils ont également participé au catalogue ainsi que Mesdames les Professeures KASHIWAGI Kayoko et ASUKA Minami. Cette importante exposition fut l'occasion de montrer combien le musée des Arts décoratifs, depuis sa création en 1864, a toujours eu un fort intérêt pour l'art japonais, et de montrer en parallèle, combien l'art japonais et ses principes esthétiques ont eu une influence marquante sur l'art français depuis la 2de moitié du XIXe siècle. Le musée a joué un rôle majeur dans cette rencontre avant la création des musées spécialisés en arts asiatiques et il a à cœur de poursuivre cette mission à travers le design d'objets, le design graphique et la mode.

En guise d'introduction et avant de rentrer dans le sujet qui nous intéresse, quelques images et quelques chiffres permettent de présenter rapidement l'histoire et les collections du musée des Arts décoratifs ainsi que quelques expositions passées.

En 1864, l'institution[2] est créée et s'installe place des Vosges, au centre de Paris, dans le quartier des artisans (ébénistes, bronziers, orfèvres...). Ce premier lieu regroupe une bibliothèque, deux salles d'exposition et une salle de conférences. Il est fait pour l'éducation des artisans, des artistes, des industriels et des créateurs et doit être un lieu où trouver des sources d'inspiration à travers la consultation des ouvrages et documents, et grâce aux objets présentés et aux conférences organisées. En lien étroit avec la création contemporaine, l'institution organise de grandes expositions au palais de l'Industrie[3]. Une photographie ancienne de l'exposition de 1869 montre l'installation des exposants contemporains en bas sous la verrière[4] et, en haut de l'escalier, l'entrée de l'exposition rétrospective appelée cette année-là le « Musée oriental » et où des œuvres japonaises sont présentées.

En 1935, le Musée Nissim de Camondo rejoint l'institution. Il s'agit d'un hôtel particulier construit au début du XXe siècle qui sert d'écrin à une collec-

tion d'objets du XVIIIe siècle[5] constituée par le Comte Moïse de Camondo qu'il lègue au nom de son fils Nissim, mort pendant la Première Guerre mondiale. Enfin dans les années 1970 puis 1980, des collections de graphisme publicitaire et de la mode ont été également développées à partir de fonds d'affiches, de textiles et de vêtements conservés à la bibliothèque ou au musée[6]. Aujourd'hui, l'Institution intègre également deux écoles, l'École Camondo (design et espace intérieur) et les Ateliers du Carrousel qui délivrent des cours de pratique artistique aux enfants, adolescents et adultes.

Installé depuis 1905 dans l'aile et le pavillon de Marsan du Palais du Louvre, le musée des Arts décoratifs est toutefois bien différent du Musée du Louvre. En effet, les collections du musée sont gérées par une association privée, mais leur statut administratif est identique à celles du Musée du Louvre, elles font partie du patrimoine national et à ce titre elles sont inaliénables. Le musée des Arts décoratifs compte aujourd'hui (sans le musée Camondo) 1,150,000 œuvres incluant des objets présentant l'art décoratif français – et ponctuellement étranger – du Moyen Âge (XIIIe siècle) à aujourd'hui, les bijoux, la mode, le design graphique, les dessins, les jouets, les collections de photographies. Quant aux collections anciennes d'objets asiatiques, elles comportent 12,000 à 14,000 objets, dessins, estampes, textiles et vêtements, dont les 2 tiers environ sont japonais.

Pour clore cette introduction, il est également nécessaire de rappeler brièvement quelles furent les mesures sanitaires décidées par le Gouvernement français pour faire face au COVID-19, depuis mars 2020.

Du 15 mars au 11 mai 2020, un premier confinement a eu lieu pendant lequel tous les lieux culturels et sportifs ont été fermés ainsi que tous les commerces à l'exception des lieux d'approvisionnement alimentaire et de première nécessité.

Le 23 juin, le musée des Arts décoratifs a ouvert les portes de deux expositions « Harper's Bazaar » inaugurée le 28 février et fermée deux semaines plus tard, et « Le dessin sans réserve » dont l'ouverture prévue fin mars a été repoussée au 23 juin.

Le 8 juillet, l'ensemble des collections permanentes ont pu rouvrir après presque 4 mois de fermeture.

Le 29 octobre, le musée comme tous les musées et lieux culturels en France, a dû fermer ses portes à nouveau pour un deuxième confinement qui s'est terminé le 1er décembre. Toutefois, les musées, les théâtres, les cinémas et toutes les salles de concert, spectacles (et sport) sont restés fermés pour raisons sanitaires. Seules les bibliothèques ont été autorisées à rester ouvertes avec des capacités d'accueil très réduites, pour permettre aux étudiants de poursuivre leurs études.

1. Les engagements de la Direction du musée vis-à-vis des salariés[7]

Pour ce qui concerne les actions liées à cette pandémie menées vis-à-vis des musées, il faut dissocier les périodes de confinement imposé par le Gouvernement des périodes de fermeture du musée, chaque fois plus longue. Pendant le premier confinement qui a duré 2 mois suivi du temps de fermeture (soit près de 4 mois), une large partie du personnel a été mis en chômage partiel : la majorité des services techniques, de l'entretien, des monteurs et installateurs d'œuvres, les enseignants des écoles, des conférenciers en contrat avec le Musée et d'une partie de l'équipe du service des publics. Il en fut de même pour le service de la sécurité à l'exception d'une équipe réduite assurant la sécurité des deux musées et choisie parmi les personnes de moins de 60 ans et en bonne santé. Les autres personnels ont pu travailler à distance – en télétravail – complètement ou partiellement. Grâce au soutien annoncé du Ministère de la Culture, la direction générale de l'institution a décidé de maintenir les salaires de tous les salariés à 100 %, y compris les salariés mis en chômage partiel.

Pour les salariés faisant partie de l'équipe scientifique, Monsieur Olivier Gabet, directeur du musée, a privilégié le télétravail pour l'ensemble de l'équipe[8] à l'exception des monteurs et installateurs d'œuvres d'art, et des conférencières et conférenciers. Avant la crise du COVID-19, le rythme des réunions était de 1 à 2 réunions par mois avec les conservateurs et les chefs de service uniquement. Pendant les 2 confinements et les périodes de fermeture du musée, le rythme est devenu hebdomadaire, et l'ensemble des équipes scientifiques dépendant de la direction du musée a été convié aux mêmes réunions organisées de manière virtuelle (ZOOM puis TEAMS). En plus du maintien des contacts à l'intérieur

de chaque équipe, chaque salarié a été invité à veiller à ne pas laisser de personnes seules sans nouvelles, et à signaler les cas de collègues isolés au service des Ressources humaines.

En plus de la réorganisation du travail, et en parallèle au développement d'action numérique en externe dont nous parlerons plus tard, la création d'une newsletter interne « Le MAD & nous », a permis à l'institution de maintenir le contact avec l'ensemble des salariés, ceux en télétravail et ceux en chômage partiel qui ont pu ainsi être informés très régulièrement de l'actualité des activités sur des sujets variés : les ressources humaines, les performances des expositions, la poursuite de travaux, ainsi que les événements de la vie de l'institution.

Depuis la fin du 1er confinement, le télétravail a continué d'être une priorité, avec autorisation de venir sur place (au musée ou dans les réserves extérieures au musée) 1 à 2 fois par semaine, rythme gardé pendant le 2e confinement un peu moins strict. Seules les personnes qui devaient installer une nouvelle exposition ou entretenir les collections exposées ou renouveler les présentations de vitrines ont pu venir plus souvent y compris les monteurs et installateurs d'œuvres d'art. Finalement, les mois de septembre et d'octobre furent les seuls mois où le travail fut repris à mi-temps sur place en moyenne, voire à plein temps pour celles et ceux qui ont participé à la mise en place de l'exposition « Luxes » qui a ouvert le 15 octobre et fermé deux semaines plus tard[9].

Aujourd'hui, les deux musées sont toujours fermés et une partie du personnel est encore en chômage partiel, et nous n'avons pas encore de précisions de la part du Ministère de la Culture concernant la date de réouverture. Le télétravail a été renforcé depuis fin janvier 2021 à cause l'état national de transmission du COVID, avec autorisation à venir 1 jour par semaine maximum si nécessaire. Depuis le colloque, un 3e confinement a été déclaré par le Gouvernement français[10] et, au musée, les règles se sont renforcées notamment pour ce qui concerne les lieux communs des prises de repas. Dans le cas de bureau partagé, les personnes doivent établir un calendrier afin d'éviter de travailler plusieurs heures à deux ou plus dans le même espace. Je rappelle également que début janvier un couvre-feu a été instauré en France avec obligation d'être chez soi à partir de 18h, couvre-feu décalé à 19h depuis le début du 3e confinement, sauf dérogation professionnelle.

2. Les missions de l'équipe scientifique

Le directeur a souhaité que nous puissions profiter de ce temps « suspendu » pour nous permettre d'avancer sur des projets de recherches, sur l'étude des collections, pour envisager de renouveler la présentation dans le parcours permanent, en favorisant le travail en équipe. Par ailleurs, l'ensemble du personnel scientifique a été invité à participer à la production de contenu pour le site internet, les réseaux sociaux, la newsletter, en lien avec le service de la communication dont quelques exemples sont développés ci-après.

Face à la fermeture brutale, il a fallu réorganiser la programmation des expositions en cours, revoir celle à venir. Ainsi, l'exposition « Harper's Bazar » a pu être prolongée jusqu'au début de janvier grâce à des négociations des emprunts d'œuvres consentis par d'autres institutions ou collections, mais a dû fermer le 29 octobre pour ne pas rouvrir. Un film a été réalisé pour garder la trace de l'exposition afin de le partager ensuite en ligne[11]. L'exposition « Le dessin sans réserve », constituée presque exclusivement des collections du musée a également été décalée dans le temps et a ouvert le 23 juin au lieu de fin mars. Elle aurait dû se tenir jusqu'à fin janvier 2021. Pour pallier à la fermeture prématurée de l'exposition, un film a été réalisé : il s'agit d'une visite guidée de l'exposition par Bénédicte Gady, conservatrice en charge des collections graphiques et commissaire de l'exposition[12].

Quant à l'ouverture de l'exposition « Luxes » présentée dans la Nef centrale du musée, initialement prévue d'avril à l'été, elle fut décalée du 15 octobre 2020 à début mai 2021. Elle a, pour l'instant ouvert 2 semaines. Grâce au fait qu'une majorité des œuvres exposées font partie des collections du musée et grâce au soutien des institutions ayant prêté des œuvres, sa fermeture va pouvoir être reportée à mi-juillet 2021. En 2020, le musée a donc été ouvert 6 mois au lieu de 12 et pourtant la fréquentation n'enregistre qu'une baisse de 33 % par rapport à l'année 2019, c'est-à-dire que la fréquentation a augmenté sur les 6 mois d'ouverture. Le succès des expositions s'est confirmé grâce aux sujets retenus, à leur diversité de formes et de formats, mais aussi grâce aux actions de communication effectuée par les outils numériques et les réseaux sociaux pendant les périodes de fermeture. Le public est revenu dès la réouverture en juin et juillet, et dès les premiers jours de l'exposition « Luxes ».

Pour clore le sujet de la programmation, il faut évoquer un projet particulier de l'année 2020 qui résume parfaitement l'état d'esprit de l'institution et la capacité de réactivité de l'ensemble des équipes. Inquiet du devenir des créateurs des domaines de prédilection de l'institution, Monsieur Olivier Gabet a demandé à l'ensemble des collègues en charge des collections contemporaines[13] de rester en contact avec ces créateurs et de s'inquiéter de leur activité. Dans un premier temps, Olivier Gabet a finalement décidé que le budget d'acquisitions de l'année serait entièrement consacré à soutenir certains de ces créateurs. Un seul comité d'acquisition – au lieu de trois habituellement – a été organisé. Puis, dans un second temps, il a décidé que ces acquisitions faites en octobre et d'autres projets non achetés seraient la base d'un projet d'exposition organisé en quelques mois. Ainsi en décembre, une exposition de 40 créateurs avait pris place dans les galeries contemporaines en partie déménagées pour y présenter cette exposition appelée « Un Printemps incertain », titre emprunté à Virginia Woolf. Avec ce projet, le musée poursuit sa mission première de soutenir la création et « d'entretenir en France la culture du beau dans l'utile ». À l'origine, l'exposition devait ouvrir le 15 décembre et se terminer le 11 mai, date anniversaire de la fin du premier confinement. L'ouverture n'ayant pas encore été possible, ces dates seront revues selon la date de réouverture du musée et la programmation prévue à l'été et à l'automne 2021[14].

3. Les publics et le musée

a. Garder le contact avec les publics pendant le 1er confinement et après

Dans un premier temps, le musée a mis à disposition sur son site des activités dédiées aux jeunes. En effet, lors du premier confinement, les parents ont été obligés d'organiser à la maison les activités de leurs enfants 24h/24h, 7j/7j et d'encadrer leurs cours. Le musée a donc eu l'idée de proposer des activités pour les enfants à faire loin des écrans d'ordinateurs, en proposant des activités éducatives simples à partir des collections du musée, et des ateliers de pratique artistiques réalisables avec un matériel domestique (papier, crayon, feutres, ciseaux, colle...) en imprimant le mode d'emploi en 1 page en noir et blanc[15].

Parmi les activités dédiées aux publics scolaires organisées par le service des publics du musée, on peut évoquer le cas de « À la Découverte des Métiers d'Art » un événement culturel développé depuis plusieurs années pendant une semaine en lien avec le Ministère de l'Éducation nationale. En raison de la fermeture des lieux culturels et pour assurer la continuité pédagogique de son programme d'éducation à l'objet, à la matière et aux savoir-faire, le Musée des Arts Décoratifs a proposé aux 39 classes inscrites (1,000 élèves environ), une édition 2021 à distance, en format numérique. Elle a été donc déclinée de manière exceptionnelle grâce à une plateforme éducative élaborée pour permettre de suivre les mêmes trois étapes habituelles de découverte lorsqu'elle se fait au musée : 1. Des parcours dans les collections ; 2. Des rencontres avec un artisan ; 3. La présentation des formations aux métiers d'art. Conçue comme un outil de médiation à l'usage des élèves et des équipes éducatives, cette plate-forme offre des contenus de formats variés : visuels, textes, films, jeux, activités plastiques. En complément, les classes, connectées en direct ont pu suivre des démonstrations et échanger avec des artisans dans leurs ateliers la semaine du 25 au 29 janvier 2021. Ce fut une expérience collégiale particulièrement enrichissante. Si le musée espère accueillir de nouveau les élèves et les artisans en 2022, la plate- forme créée cette année sera maintenue et développée[16].

b. Accueillir le public avec de nouvelles normes demandées par le Ministère

Les normes sanitaires imposées par le Ministère de la Culture pour obtenir l'autorisation de rouvrir le musée ont conduit à la mise en place de plusieurs mesures. Tout d'abord, la réservation de son billet en ligne est devenue obligatoire pour 75 % des créneaux de réservation, avec la mise en place d'une jauge maximale réduite par rapport à la capacité autorisée en temps normal pour chaque créneau.

De plus, pour éviter que les flux de visiteurs ne se croisent, une nouvelle signalétique a été installée. Imaginée par un duo de jeunes graphistes Sophie CURE et Aurélien FARINA, cette nouvelle signalétique adopte un vocabulaire graphique emprunté aux codes de la randonnée pédestre. Elle indique 3 parcours à thèmes repérables grâce à un code couleur simple. Le sens de circulation, les limitations du nombre de personnes dans les espaces réduits, les demi-tours,

les voies sans issues sont désormais indiquées en plus des chemins barrés ou orientées par les potelets et des cordes de couleurs, sans oublier l'indication des altitudes (comme en montagne)... pour ajouter un peu d'humour.

Pour la prochaine réouverture en 2021, les demandes du Ministère sont plus contraignantes et il est désormais déjà envisagé[17] :

- Une baisse de la jauge horaire, avec l'achat des billets à 100 % en ligne pour un respect absolu de la jauge,
- Des horaires d'ouverture diminués, de 11h à 16h (et non plus 18h ; suppression de l'ouverture en nocturne 21h le jeudi),
- Le créneau horaire de 10h à 11h réservé aux Amis du musée et aux mécènes.

4. Le numérique et les réseaux sociaux, quelques exemples

On peut dire que les effets du premier confinement se sont ressentis immédiatement sur la fréquentation du site avec une chute brutale à la mi-mars. Elle a rapidement été enrayée par la mise en œuvre d'une communication renforcée : envoi hebdomadaire de lettres d'information via #Culturecheznous. La présence accrue de l'institution sur les réseaux sociaux et création de nouveaux contenus ont été les principaux leviers pour maintenir le lien avec nos publics. Des rendez-vous hebdomadaires[18] ont été institués pour continuer à faire vivre en ligne les expositions et les collections permanentes. Ainsi, des œuvres des musées et de la bibliothèque ont été mises en avant chaque semaine tout comme celles des expositions « Le dessin sans réserve » et « Harper's Bazaar ». Ces rendez-vous ont également été l'occasion de valoriser des contenus « froids » du site Internet (dossiers thématiques, expositions terminées), de remettre à l'honneur d'anciens catalogues, d'animer aussi la boutique en ligne et de proposer des contenus inédits et jamais diffusés auparavant comme des photos de scénographies d'anciennes expositions. La mise en avant des spots TV publicitaires anciens conservés dans les collections de la publicité, jusqu'alors mensuelle, est aussi devenue hebdomadaire.

Une page « Culture chez nous » reprenant l'ensemble des activités, vidéos et dossiers thématiques, a été créée sur le site internet afin que le public puisse

retrouver facilement tous les contenus disponibles pour explorer les collections et thématiques de nos musées[19].

Un nouveau post d'une durée de 52 secondes appelé « mon objet préféré » a été créé et diffusé par les réseaux sociaux. Un salarié du musée y présente son objet préféré à partir d'images fixes. Près de 40 publications ont été réalisées au rythme d'une par semaine.

Plusieurs podcasts ont été créés à partir d'anciennes conférences programmées au musée avec des designers, des créateurs de mode. Leur enregistrement a été retravaillé pour leur publication par la plate-forme Soundcloud : présentée grâce à une introduction revue par une journaliste de France Culture (Madame Céline Du Chéné) avec laquelle le musée a collaboré.

Depuis le 1er confinement, on a constaté une augmentation de +20 % des abonnés du compte Instagram du musée.

Tout ce travail, et d'autres encore, ont été rendus possible par deux choses essentielles : des ressources très riches en images professionnelles et en documentation numérisée, en enregistrements effectués de manière systématique des programmes de conférences depuis plusieurs années, et un travail de collaboration interne facilité par le changement des outils informatiques.

Pour terminer la liste de ces initiatives multiples, il faut également citer deux événements qui ont pu exceptionnellement être réalisés sur place dans les espaces fermés des deux musées. À l'initiative du designer Alexandre Humbert, il a souhaité réaliser un film intitulé « Les Impatients[20] » où il montre la vie qui continue dans un musée fermé lors du premier confinement. Il a suivi et interviewé trois personnes qui se trouvaient régulièrement sur place : le directeur du musée, la responsable de la restauration et de la conservation préventive et le chef de la sécurité. Tous les trois ont été filmés dans les galeries du musée fermées pendant leur tour de garde. Ce film donne une vision inattendue du musée, à la fois inédite et poétique. Ce projet a donné suite à une résidence artistique confiée à l'artiste pour faire des films sur nos expositions qui seront réalisés par saison, mais toujours aussi sur la vie du musée incluant les réserves[21].

Une autre initiative a été proposée par Google Arts & Culture qui a réalisé 9 films dans 9 musées dans le monde[22] avec cette accroche « If you don't happen to work for a cultural institution, you've probably never had the opportunity to wander all alone through a museum's hallways, exhibition… ». L'un de ces

films « Art For Two : Musée Nissim de Camondo x M. Bacchus » a été réalisé au musée Nissim de Camondo où le Directeur du Musée fait, en conversation directe avec Mr. Bacchus, la visite du musée[23]. Cet événement a reçu un gros succès avec plus de 65,000 vues dans les jours qui ont suivi.

Pour conclure cette dernière partie, on peut dire qu'en 2020, malgré un contexte défavorable exceptionnel et la fermeture des musées pendant 6 mois, près d'un million d'internautes ont visité le site Internet dont près de 4 millions de pages vues, soit une baisse limitée à 13 % par rapport à l'année 2019.

En conclusion de cette présentation, et pour ce qui concerne la vie interne des salariés de l'institution, on constate que la crise liée au COVID-19 a permis d'apprendre (à ceux qui ont pu adapter leur mission) à travailler à distance sur une longue durée (plus de neuf mois) grâce aux outils numériques. De plus, les mesures immédiatement mises en place par la directrice générale et le directeur du musée ont permis de garder du lien et de conserver une réelle efficacité de travail malgré l'éloignement géographique, tout en assurant la sécurité sanitaire des employés. Grâce à cela, de beaux projets ont pu être réalisés dans des délais très courts alors que les contraintes étaient fortes et nombreuses.

Pour ce qui concerne son image extérieure, l'institution a su mettre en valeur le travail de chacun, a su exploiter ses ressources propres et mettre en avant son caractère unique et original. Son statut spécifique (privé-public) a aussi été un atout fort par son habitude à financer ses expositions et à gérer les contraintes budgétaires, mais aussi grâce au soutien financier du Ministère de tutelle qui a reconnu la qualité du travail effectué. Le format moyen de l'entreprise s'est également avéré efficace, car il a permis à toutes et tous de rester très réactif en favorisant le maintien des contacts directs. Enfin, il a été aussi constaté le bénéfice de ne pas dépendre trop fortement de la fréquentation des touristes.

Après cette crise, les budgets privés pour financer les expositions seront très convoités par toutes les institutions. Dans le paysage culturel parisien et plus largement français, voire européen, il sera nécessaire de réduire le nombre d'expositions, de réduire aussi les budgets, et donc de les présenter plus longtemps. Dans cet esprit, les expositions à petits budgets d'une part, et basées

sur les collections de chaque institution, c'est-à-dire en limitant les emprunts d'œuvres, d'autre part, seront à privilégier. Ainsi en 2021, l'exposition « Histoires de photographies. Collections du Musée des Arts Décoratifs » permettra de révéler au public d'autres richesses du musée au moment de sa réouverture.

Toutefois, la difficulté reste encore pour les activités destinées aux publics en groupes ou en nombre, et les normes sanitaires empêchent encore un retour à la normale, c'est-à-dire incluant le contact avec les œuvres, et les contacts humains.

Comme le dit le directeur du Musée, Monsieur Olivier Gabet, jamais les musées français n'avaient été fermés si longtemps depuis la 2de guerre mondiale et pourtant le public a été présent chaque fois, soit au musée lorsque cela a été possible, soit en suivant ou en découvrant un contenu de qualité via les plates-formes et les réseaux sociaux. Cette crise aura démontré que les outils numériques peuvent pallier partiellement à cette situation avec des propositions originales dont certains peuvent continuer d'être pertinents lorsqu'on sera sortie de la crise.

Toutefois, l'immédiat succès par la fréquentation du public entre les 2 confinements confirme que, décidément, rien ne remplace le contact direct avec les œuvres. Voilà qui est très rassurant !

Notes

[1] L'auteur de ce texte fut commissaire de l'exposition qui a été présentée au public du 15 novembre 2018 au 3 mars 2019.

[2] L'institution porte alors le nom de « Union centrale des Beaux-arts appliqués à l'industrie ».

[3] Le palais de l'Industrie est un édifice qui était situé, à Paris, en bas de l'actuelle avenue des Champs-Élysées, et qui fut détruit à la fin du XIXe siècle.

[4] Les plus grands représentants des industries d'art de luxe de l'époque répondent aux invitations de l'institution.

[5] Cette collection comporte quelques porcelaines et laques japonais de l'époque d'Edo (1603-1868), transformés par des montures en bronze doré réalisées en France, généralement au

XVIIIe siècle.

[6] Les fonds contemporains de design d'objets, de design graphique et de mode intègrent la création japonaise.

[7] Pendant que ce premier point est abordé, des images du musée et des collections sont montrées en parallèle pour permettre à l'auditoire de découvrir le Musée des Arts Décoratifs.

[8] Cette équipe est constituée de conservateurs et conservatrices, attaché-e-s et assistant-e-s de conservation, documentalistes, bibliothécaires, responsables et assistant-e-s des services de la restauration et de la conservation, des éditions, des publics, restauratrices et restaurateurs d'œuvres d'art, secrétaires, soit une cinquantaine de personnes environ.

[9] Le site de l'institution permet d'accéder aux pages consacrées à ces expositions, mais aussi aux collections permanentes des deux musées : www.madparis.fr

[10] Ce 3e confinement a démarré le 19 mars jusqu'à la fin du mois d'avril 2021.

[11] https://madparis.fr/francais/musees/musee-des-arts-decoratifs/expositions/expositions-terminees/harper-s-bazaar- premier-magazine-de-mode/

[12] https://madparis.fr/francais/musees/musee-des-arts-decoratifs/expositions/expositions-terminees/le-dessin-sans- reserve-collections-du-musee-des-arts-decoratifs/

[13] Domaines du design d'objet, du design graphique, de la mode, du bijou, du jouet.

[14] https://madparis.fr/francais/musees/musee-des-arts-decoratifs/expositions/prochaines-expositions/un-printemps- incertain-invitation-a-40-createurs/

[15] Voir « Les petits ateliers du musée des Arts décoratifs » et « Les petites recettes des ateliers du Carrousel » sur https://madparis.fr/francais/nous/autres-actualites/culturecheznous/

[16] Pour accéder à la plate-forme (contenus en français) : https://view.genial.ly/5fad12933497810d4ca5ac7a/interactive-content-adma-2021 (consultée le 20.04.2021)

[17] Toutefois, ces préconisations étaient envisagées lorsque l'ouverture était attendue pour mi-avril. À l'heure où ce texte est rendu (20 avril 2021), l'ouverture des musées est encore repoussée à une date inconnue. Ces mesures risquent d'être encore modifiées.

[18] Avant le COVID, ces publications étaient faites au rythme de 1 à 2 par mois.

[19] https://madparis.fr/francais/nous/autres-actualites/culturecheznous/

[20] https://madparis.fr/francais/nous/autres-actualites/une-saison-au-musee-des-arts-decoratifs/

[21] Pour voir les films réalisés par Alexandre Humbert pendant sa résidence : https://madparis.fr/francais/nous/autres- actualites/une-saison-au-musee-des-arts-decoratifs/

A propos de la résidence d'Alexandre Humbert, mais aussi du groupe Phoenix non évoqué lors de cette présentation : https://madparis.fr/IMG/pdf/cp-phoenix-alexandre-humbert-fr.pdf (en français) et https://madparis.fr/IMG/pdf/cp- phoenix-alexandre-humbert-en.pdf (en anglais)

[22] Parmi les 8 autres lieux, il faut citer le Metropolitan Museum et le British Museum.

[23] https://www.youtube.com/watch?v=xELCGSjKjz0

編者／執筆者／翻訳者について

石毛弓（いしげゆみ）　一九七〇年生まれ。大手前大学教授。博士（哲学）。専攻、西洋哲学。主な著書に、『マンガがひもとく未来と環境』（清水弘文堂、二〇一一）、『ピアチューター・トレーニング――学生による学生の支援へ』（共著、ナカニシヤ出版、二〇一四）などがある。

＊

中村仁（なかむらじん）　一九七六年生まれ。跡見学園女子大学准教授。博士（学術）。専攻、社会情報学、観光学。著書に、『クリエイティブ産業論――ファッション・コンテンツ産業の日本型モデル』（慈学社出版、二〇一五）などがある。

須川亜紀子（すがわあきこ）　横浜国立大学大学院教授。博士（人文学）。専攻、ポピュラー文化研究、オーディエンス／ファン研究。著書に『二・五次元文化論――舞台・キャラクター・ファンダム』（青弓社、二〇二一）などがある。

田中孝弥（たなかあつや）　一九七二年生まれ。清流劇場代表、劇作家、演出家。大手前大学非常勤講師。一九九六年に清流劇場を設立。主な作品に、『WOYZECK version FUKUSHIMA』（二〇一一）、『オイディプス王』（二〇一七）などがある。

ベアトリス・ケット（Béatrice Quette）　パリ装飾芸術美術館アジア・コレクション部門学芸員、エコール・ド・ルーヴル講師。フランス東洋陶芸学会名誉会長。主な編著に、*De la Chine aux arts décoratifs* (Les Arts décoratifs, 2014), *Japon-Japonismes* (Les Arts décoratifs, 2018) などがある。

遊免寛子（ゆうめんひろこ）　一九七六年生まれ。兵庫県立美術館主査学芸員。専攻、美術史。これまで企画した主な展覧会に、「薄白色の余韻　小林且典」（二〇一三）、「新宮晋の宇宙船」（二〇一七）などがある。

徐炯旭（ソ・ヒョンウク）　一九七五年生まれ。ＭＢＣ（韓国文化放送）サッカー解説委員。修士（サッカー産業学）。主な著書に、『EPL BOOK』(BRAINSTORE, 2016) などがある。

＊

安達孝信（あだちたかのぶ）　一九九〇年生まれ。パリ第三大学大学院博士課程在籍。専攻、フランス文学。主な論文に、「ゴンクール兄弟『ジェルミニー・ラセルトゥー』における場末と郊外」（『関西フランス語フランス文学』、第二七号、二〇二一）がある。

張起權（チャン・キグォン）　一九六四年生まれ。大手前大学教授。博士（言語文化学）。専攻、比較文化学、社会言語学。主な論文に、「夏と冬、生と死の戦い――伝統喜劇にみる新旧交代とグロテスク・リアリズムの世界」（『大手前大学論集』、第一四号、二〇一三）などがある。

大手前大学比較文化研究叢書17

コロナ禍と体験型イベント

二〇二二年一二月二〇日第一版第一刷印刷　二〇二三年一月一〇日第一版第一刷発行

編者――石毛弓

執筆者――中村仁＋須川亜紀子＋田中孝弥＋ベアトリス・ケット＋遊免寛子＋徐炯旭

装幀者――宗利淳一

発行者――鈴木宏

発行所――株式会社水声社

東京都文京区小石川二―七―五　郵便番号一一二―〇〇〇二

電話〇三―三八一八―六〇四〇　FAX〇三―三八一八―二四三七

［編集部］横浜市港北区新吉田東一―七七―一七　郵便番号二二三―〇〇五八

電話〇四五―七一七―五三五六　FAX〇四五―七一七―五三五七

郵便振替〇〇一八〇―四―六五四一〇〇

URL : http://www.suiseisha.net

印刷・製本――精興社

ISBN978-4-8010-0618-8

乱丁・落丁本はお取り替えいたします。